Le lait du chrétien

Volume I
Numéro 1

by
Rév. Dr. Wilguymps Charles

Le lait du chrétien

LEÇONS DOMINICALES

SUR LE THÈME :

« LE FRUIT DE L'ESPRIT »

« *Mais le fruit de l'Esprit, c'est l'amour, la joie, la paix, la patience, la bonté, la bienveillance, la foi, la douceur, la maîtrise de soi* » (Galates 5 :22).

La version Louis Segond, Nouvelle Édition de Genève 1979, est utilisée.

© Tous droits réservés

TABLE DES MATIÈRES

NOTES DE L'AUTEUR iv
LEÇON 1 1
LEÇON 2 7
LEÇON 3 12
LEÇON 4 17
LEÇON 5 22
LEÇON 6 27
LEÇON 7 32
LEÇON 8 37
LEÇON 9 42
LEÇON 10 47
LEÇON 11 52
LEÇON 12 57
LEÇON 13 62

Le lait du chrétien

NOTES DE L'AUTEUR

Cet ouvrage d'enseignement, préparé à l'usage de la formation des élèves à l'école dominicale, est un effort consciencieux du Rév. Dr. Wilguymps Charles en tant qu'enseignant de la Bible en vue d'apporter une contribution utile et nécessaire à l'enseignement de l'école du dimanche. Ce livret sera utile aux moniteurs et monitrices de l'école du dimanche pour la formation des élèves, et sera très bénéfique à l'épanouissement spirituel et éducationnel des croyants en Jésus-Christ.

Dans ses pages, on trouvera des leçons présentées de manière claire et précise, faciles à utiliser par les enseignants de l'école du dimanche en vue de la bonne compréhension de chaque élève et la mise en pratique des vérités bibliques qui y sont enseignées. Je prie et j'espère que son utilisation suscite dans le cœur des croyants beaucoup plus d'intérêts pour la connaissance de la Parole de Dieu, et apporte une satisfaction indicible à ceux qui enseignent la saine doctrine.

Il est, toutefois, recommandé aux Pasteurs et aux surintendants de l'école du dimanche d'accompagner les moniteurs et monitrices dans la préparation des leçons.

« Et ce que tu as entendu de moi en présence de beaucoup de témoins, confie-le à des hommes fidèles, qui soient capables de l'enseigner aussi à d'autres ». 2 Timothée 2 :2

Rév. Dr. Wilguymps Charles

Le lait du chrétien

LEÇON 1

Sujet : L'exhortation de Paul à marcher selon l'Esprit

Texte biblique de base : Galates 5 :16 à 25

Verset à mémoriser : Galates 5 :25

Objectif de la leçon. Comme objectif, l'enseignant se propose de faire lumière sur l'exhortation de l'apôtre Paul aux chrétiens de la Galatie. À la fin de cette leçon, chaque élève sera en mesure de comprendre l'importance de marcher selon l'Esprit.

Introduction de la leçon. Le Seigneur Jésus a expliqué, pendant Son ministère terrestre, comment reconnaître si une œuvre est de la chair ou si elle est de l'Esprit (lire Matthieu 7 :16-20). « *Un bon arbre ne peut pas produire de mauvais fruits, ou un mauvais arbre produire de bons fruits* ». Cependant, si nous appartenons à Christ, en nous habite aussi un autre pouvoir agissant qui est le Saint-Esprit. Il nous fait vivre et nous fait marcher selon le Christ. Il s'oppose à la chair ; Il nous conduit ; Il amène à maturité son propre fruit en nous, fruit qui est impossible à confondre avec une autre espèce. Cette leçon sera enseignée en trois *points* : 1) Exhortation de Paul aux Galates ; 2) Contraste entre les désirs de la chair et ceux de l'Esprit ; 3) Les œuvres de la chair et le fruit de l'Esprit.

Développement de la leçon

I. **Exhortation de Paul aux Galates** (Galates 5 :16). Quel est le motif de l'exhortation de l'apôtre Paul ? Avant de répondre à cette question, cherchons d'abord à avoir une définition du mot « *motif* ». Le dictionnaire définit le mot « *motif* » comme : ce qui pousse à agir, en parlant de tout élément conscient considéré comme entrant dans la détermination d'un acte volontaire ; c'est aussi ce qui justifie quelque chose, raison qui pousse à faire une action. Nous allons étudier ce verset en deux parties :

1. Dans la première partie de Galates 5 :16, l'apôtre exhorte les chrétiens de la Galatie à « *marcher selon l'Esprit* » parce qu'ils se laissaient facilement persuader par les détracteurs légalistes pour se détourner de l'Évangile du salut de Dieu en Jésus-Christ. Lisez avec toute la classe le texte de Galates 3 :1-5 (…). C'est par cette douloureuse et sévère *apostrophe* (Interpellation vive, ou surtout d'un trait mortifiant adressé à quelqu'un) que l'apôtre se mit à attaquer l'erreur dans laquelle les Galates s'étaient laissé entraîner. Il voudrait leur en faire sentir l'absurdité et la déraison de leur détournement de la vérité de l'Évangile. Dans Galates 3 :2, Paul leur posa cette question : Je voudrais seulement apprendre de vous ceci : Est-ce par les œuvres de la loi que vous avez reçu l'Esprit, ou par la prédication de la foi ?

2. Dans la deuxième partie du verset, nous découvrirons le but recherché par l'apôtre Paul. Si les croyants de la Galatie arrivaient à marcher selon l'Esprit, ils n'accompliraient pas les désirs de la chair. C'est comme si Paul disait dans ce verset : Voici donc mon conseil pour vous : marchez sous la direction de l'Esprit et vous ne risquerez pas de satisfaire les convoitises de votre être naturel. Vos désirs égoïstes et coupables n'arriveront pas à leurs fins. Laissez donc l'Esprit vous conduire, obéissez à ses instructions et ne cédez pas aux aspirations qui animent l'homme charnel livré à lui-même.

II. *Contraste entre les désirs de la chair et ceux de l'Esprit* (Galates 5 :17). Même si nous avons placé notre foi en Christ et nous avons reçu le Saint-Esprit, notre vieille nature ne meurt pas entièrement et ne disparaît pas. Même si elle est placée sous le contrôle de l'Esprit, elle est toujours là, s'opposant systématiquement à Lui, à la nouvelle nature, à la vie spirituelle nouvelle que nous avons reçue lorsque nous avons cru. Il y a donc un combat permanent dans notre âme, un combat qui se poursuivra jusqu'à notre dernier souffle. Le nouvel être spirituel s'efforce de faire le bien, mais la vieille nature pécheresse l'en empêche. Le « *fruit de l'Esprit* » s'oppose aux œuvres de la chair. Ce qui est le résultat visible d'une vie dirigée par le Saint-Esprit, une vie qui doit honorer Dieu. Notre ancienne nature avec ses désirs égoïstes se refuse contre l'Esprit, les aspirations de votre être non régénéré se dressent sans cesse contre l'être spirituel ; mais l'Esprit, de son côté, s'oppose à la volonté naturelle de l'homme. Ces deux forces antagonistes sont constamment en conflit, chacune d'elles luttant pour subjuguer votre volonté. Elles influencent sans cesse vos désirs. C'est pour cela que vous n'arrivez pas à mettre vos résolutions à exécution et que vous n'êtes pas libres de faire ce que vous aimeriez. C'est exactement ce que Paul affirme dans Romains 7 :18-21 (…). Car ce que je fais, je ne le reconnais pas, car ce n'est pas ce que je veux, que je fais, mais j'arrive à faire ce que je hais. Quel découragement ! Au lieu de trouver, après sa conversion, le soulagement, la paix et la joie, Paul découvre en lui une puissance dont il ne peut se libérer et qui l'empêche d'accomplir le bien qu'il voudrait faire. Et, dans Romains 8 :5-8, Paul déclare que : « *Ceux, en effet qui vivent selon la chair s'affectionnent aux choses de la chair, tandis que ceux qui vivent selon l'Esprit s'affectionnent aux choses de l'Esprit. Et l'affection de la chair c'est la mort, tandis que l'affection de l'Esprit, c'est la vie et la paix. ; car l'affection de la chair est inimitié contre Dieu, parce qu'elle ne se soumet pas à la loi de Dieu, et qu'elle ne le peut même pas. Or ceux qui vivent selon la chair ne sauraient plaire à Dieu* ».

III. <u>Les œuvres de la chair et le fruit de l'Esprit</u>

(Galates 5 :19-22). Les œuvres de la chair sont nombreuses et manifestes. Et ces péchés fermeront aux hommes les portes du ciel. Et cependant combien sont nombreux ceux qui se disent chrétiens, qui vivent dans ces péchés, et annoncent leur espérance pour le ciel ! Il n'est pas difficile d'identifier les œuvres de la chair. Elles sont évidentes pour tout le monde. La débauche (ou « l'adultère », selon d'autres version) signifie d'abord l'infidélité sexuelle dans le couple marié. L'impureté (ou « la fornication ») vise les relations sexuelles avant le mariage. Par la dissolution ou le dérèglement, il faut entendre l'immoralité, la sensualité. L'idolâtrie n'est pas restreinte à l'adoration d'idoles, mais également à l'immoralité qui accompagne l'adoration des démons. La magie, c'est la sorcellerie ; le mot grec est associé aux drogues (*pharmakéïa*). Comme la sorcellerie utilisait des drogues, le mot prit le sens de « *commerce avec des esprits mauvais* » ou « *utilisation de sortilèges* ». Peut-être qu'il comprend aussi les superstitions, la malchance, etc. Les rivalités, ce sont des concurrences qui existent entre deux ou plusieurs personnes qui aspirent, ou qui prétendent à la même chose. Les querelles sont dues à la discorde et aux désaccords. La jalousie, c'est le dépit que l'on a de ne pas posséder ce qu'un autre obtient ou possède comme la richesse, les succès, la gloire, les talents, etc. Les animosités sont les dispositions persistantes de malveillance qui portent à nuire à quelqu'un. Les disputes sont des discussions à propos d'opinion ou d'intérêt. Les divisions sont engendrées souvent par les différences d'opinion, les sectes sont des groupes dissidents minoritaires, nés par les hérésies des hommes entêtés. L'envie est un sentiment de déplaisir à l'endroit de ceux qui ont du succès et sont prospères. L'ivrognerie, évidemment, se réfère à l'intoxication provoquée par l'abus de boissons alcooliques, tandis que les excès de table se rapportent aux festins où l'on fait abus de nourriture et de boisson servies.

Les caractères du fruit de l'Esprit, ou de la nature renouvelée que nous devenons, sont aussi nommés immédiatement après. Et comme l'apôtre avait nommé principalement les œuvres de la chair, non seulement elles sont nuisibles à ceux qui les pratiquent, mais aussi nuisibles pour leur entourage, de la même façon il fait remarquer principalement le fruit de l'Esprit, qui tend à rendre les chrétiens agréables les uns pour les autres, et également de les rendre heureux. Le fruit de l'Esprit montre clairement que de tels chrétiens sont menés par l'Esprit. En décrivant les œuvres de la chair et le fruit de l'Esprit, il nous est dit ce que nous devons éviter, ce à quoi nous devons nous opposer, et ce que nous devons chérir et cultiver ; et ceci avec un soin sincère et les efforts de tous les vrais chrétiens.

Le verset 24 présente la condition du chrétien : Tous ceux qui ont accepté le Seigneur Jésus par la foi appartiennent désormais au Seigneur glorifié dans le ciel et sont associés à Lui de la manière la plus étroite, dans Sa mort et dans Sa vie. Christ a été crucifié, et les croyants ont été identifiés avec Lui dans Sa mort. « *Marcher selon l'Esprit* » doit découler de la réalité intérieure de la vie par le même Esprit. La vie nouvelle n'a pas de puissance en elle-même sans le Saint-Esprit. C'est l'Esprit Saint qui est la puissance agissante pour que la vie de Christ soit manifestée en nous.

En conclusion, nous venons d'étudier dans cette leçon : l'exhortation de Paul aux Galates à marcher selon l'Esprit. En effet, le véritable modèle de notre vie de foi, ce ne sont pas les autres croyants, mais le Seigneur Jésus, qui, homme sur la terre a toujours agi par l'Esprit. Le regarder marcher dans les Évangiles, contribuera à nous remplir d'une sainte admiration pour Lui et produira une vraie humilité de cœur. De plus Son exemple s'imprimera pratiquement en nous. Alors, laissons-nous conduire par l'Esprit et veillons à ne pas L'attrister. Marcher selon l'Esprit signifie être obéissant à la direction de l'Esprit pour mener une vie victorieuse. Quand nous marchons selon l'Esprit, quelque chose d'incroyable se produit. Ce que la Bible appelle « *le fruit de l'Esprit* » commence à se développer dans notre vie.

Questions sur la leçon

1. Quel est le sujet de la leçon d'aujourd'hui ?
2. En combien de points la leçon a -t-elle été divisée ? Citez-les ?
3. Dans quel passage se trouve le verset à mémoriser ? Récitez-le par cœur ?

4. Que signifie le mot « *motif* » selon le dictionnaire ?

5. Qu'est-ce qui poussait Paul à vouloir exhorter les chrétiens de la Galatie ?

Le lait du chrétien

LEÇON 2

Sujet : Pourquoi dit-on le fruit de l'Esprit et non les fruits ?

Textes bibliques de base : Galates 5 :22 ; Jean 15 :5 à 8

Verset à mémoriser : Galates 5 :22

Objectif de la leçon. Comme objectif, nous proposons dans cette leçon de faire la lumière sur l'expression du « *fruit de l'Esprit* ». À la fin de la classe, chaque élève sera en mesure de comprendre pourquoi l'apôtre Paul ne dit pas les fruits de l'Esprit.

Introduction de la leçon. Dans cette leçon, nous allons étudier ce matin le fruit de l'Esprit. Il est important de remarquer dans les textes de Galates 5 :22 et de Jean 15 :5 et 8 que le mot « *fruit* » est au singulier, contrairement aux « *œuvres de la chair* ». Dans les deux cas, il ne s'agit pas d'une erreur d'orthographe. Ce fruit est donc unique et ses différents caractères proviennent tous de la même source. Tous ensemble, ils témoignent d'une vie de communion avec Dieu, sous la direction du Saint-Esprit, et sont nécessaires à la communion et à l'harmonie entre chrétiens, ce qui manquait aux Galates. C'est pourquoi Paul présente le fruit de l'Esprit et ses caractères comme les signes d'une véritable communion chrétienne. Le fruit de l'Esprit, c'est ce que Dieu veut voir se manifester dans nos vies, ce que le Saint-Esprit rendra possible. Pour marquer l'unicité de cette leçon, elle vous sera enseignée en un seul point : Le Saint-Esprit produit un seul fruit.

Développement de la leçon

Le Saint-Esprit produit un seul fruit. Paul déclare dans Galates 5 :22 : « Mais le fruit de l'Esprit, c'est l'amour (la charité), la joie, la paix, la patience, la bonté, la bienveillance, la foi, la douceur, la maîtrise de soi ». Par opposition aux « œuvres de la chair » mentionnées dans les versets 19-21, on s'attendait tout de suite après, les mots les « œuvres de l'Esprit », mais l'apôtre dit plutôt : le fruit de l'Esprit, pour montrer ce qu'il y a d'intérieur et d'organique dans le développement de la vie nouvelle en Christ, dont la source, la racine est l'Esprit de Dieu en l'homme, et dont ces vertus chrétiennes sont les fruits. Pourtant, comme nous le constatons, le mot « fruit » est au singulier. C'est parce que le Saint-Esprit ne produit qu'un fruit. Ceux qui marchent selon l'Esprit (verset 16) manifesteront aussi le fruit de l'Esprit dans leur vie. Ce fruit sera visible dans la vie de quiconque demeure en Christ (Jean 15 :4-5). Dans ces versets importants, les apôtres nous disent quels sont les aspects de ce fruit. Mettons d'abord les choses au clair : le fruit de l'Esprit est différent des dons de l'Esprit. Ceux-ci sont accordés à différents chrétiens, à des moments choisis par Dieu, selon la volonté du Saint-Esprit (voir 1 Cor. 12 :7-11). Mais le fruit de l'Esprit doit être porté par tous les chrétiens de tous les temps. Dans notre vie comme dans celle de l'Église, le fruit de l'Esprit est plus important et plus essentiel que les dons.

Chaque vertu, chaque caractère chrétien ou chaque facette, est une grappe précieuse dont Galates 5, le verset 22 énumère les neuf qualités du fruit de l'Esprit qui sont :

- L'amour est cité en premier parce que c'est le plus grand sentiment. C'est le caractère le plus grand (1 Corinthiens 13 :13) ; car Dieu est amour (1 Jean 4 :8-16). Or ici, il n'est pas question de l'amour de Dieu envers nous ou du nôtre pour Lui, mais de l'amour entre nous, chrétiens (Romains 12 :9 ; 1 Pierre 4 :8). Dans Colossiens 1 :8, nous lisons : « *Et il nous a appris de quel amour l'Esprit vous anime* ».

- Ensuite vient la joie. C'est une joie spirituelle, la joie chrétienne qui trouve sa source dans le Seigneur Jésus (Philippiens 4 :4). Elle ne ressemble pas à la joie légère, voire artificielle, du monde. Comme la paix, la joie se réalise par le Saint-Esprit (cf. Romains 14 :17). La Parole de Dieu nous enseigne à trouver dans la vie journalière et dans les relations fraternelles de nombreux sujets de se réjouir en présence de ce que le Seigneur donne et de ce qu'Il fait. Cette joie chrétienne n'est pas détruite, même si elle se mêle à des pleurs à cause des souffrances de toutes sortes. Cette joie découle de la grâce de Dieu.

- La paix, ici, ne désigne pas la paix de la conscience, la paix avec Dieu (Romains 5 :1), ni la paix du cœur, qui est aussi appelée la paix de Christ (Colossiens 3 :15), mais c'est celle qui règne entre les croyants et qui nous fait si souvent défaut comme ce fut le cas aux Galates. L'unité de l'Esprit, l'union pratique des croyants, doivent être gardées par le lien de la paix (Éphésiens 4 :3). Cette paix est comme une colle qui nous retient attachés.

- La patience (mot traduit parfois par longanimité aussi) est un caractère de Dieu (Romains 2 :4 ; Romains 9 :22 ; 1 Pierre 3 :20) et de Christ (1 Timothée 1 :16 ; 2 Pierre 3 :15). Les croyants y sont exhortés (Éphésiens 4 :2 ; Colossiens 3 :12 ; 2 Timothée 3 :10 ; 2 Timothée 4 :2). La longanimité ou la patience permet de supporter l'offense ou le tort commis injustement sans réagir vivement. Elle contribue efficacement à maintenir la paix.

- La bonté caractérise (généralement chez le croyant) ce qui est moralement bon et utile. Elle est attribuée à Dieu dans l'Ancien Testament, et une fois dans (2 Thessaloniciens 1 :11). C'est aussi l'une des trois composantes du fruit de la lumière dans les croyants (Éphésiens 5 :9).

- La bienveillance est un caractère divin que nous sommes exhortés à porter. C'est une disposition du cœur qui recherche le bien avec la grâce dans les relations avec les autres.

- La foi ou la fidélité consiste à agir d'une façon qui répond à la confiance qui nous est témoignée. Ces deux vertus se stimulent réciproquement et se conservent ensemble. Toute infidélité altère la confiance qui ne se rétablit que lentement.

- La douceur (ou débonnaireté) est une qualité qui, dans le monde, est facilement considérée comme de la faiblesse. Elle caractérisait pourtant le Seigneur lors de Sa vie sur la terre (Matthieu 11 :29 ; 21 :5 ; 2 Corinthiens 10 :1). Puissions-nous la réaliser dans nos rapports mutuels ainsi qu'à l'égard de tous les hommes.

- La maîtrise de soi ou la tempérance traduit un mot dérivé d'un adjectif qui signifie « *fort, puissant* ». C'est pourquoi la tempérance est synonyme de la « *maîtrise de soi* ». On remarque aisément combien il s'oppose à la dernière catégorie des œuvres de la chair, qui concerne tous les excès.

Lorsque l'apôtre Paul énumère les qualités du fruit de l'Esprit en Galates 5 :22, il faut remarquer qu'aucune de ces qualités ne visent un meilleur savoir-faire, mais plutôt un meilleur savoir-être. Ces qualités sont reliées aux nécessités de relations humaines plus miséricordieuses c'est-à-dire, être plus sensibles aux misères et aux souffrances de l'autre. Souvenons-nous aussi que ces neuf facettes du fruit de l'Esprit sont le résultat, non de nos propres efforts ou de nos œuvres, mais de la présence du Saint-Esprit en nous. Si ces différents aspects du fruit de l'Esprit sont visibles en nous, alors nous accomplissons la loi de Dieu. S'ils sont présents en nous, nous serons saints et justes, et aucune loi ne pourra nous condamner. Selon Samuel Chadwick : Dans le langage courant, on pourrait rendre le passage de Galates 5 :22 comme suit : le fruit de l'Esprit est une disposition affectueuse pleine d'amabilité, un esprit radieux et tranquille, un tempérament de gaieté et de douceur, une manière discrète, une patience qui supporte les circonstances pénibles et les personnes contrariantes, une serviabilité et un discernement empreint de sympathie, une loyauté et une fidélité à toute épreuve, une humilité qui s'oublie dans la joie des autres, et une maîtrise de soi quoi qu'il arrive.

En conclusion, nous venons d'étudier dans cette leçon, pourquoi l'apôtre Paul parle-t-il du fruit de l'Esprit, et non des fruits de l'Esprit. J'espère que vous l'avez suivie avec attention et vous l'avez bien comprise. Dans les prochaines leçons, nous allons étudier séparément chacune de ces qualités, de ces caractères, de ces vertus ou de ces facettes du fruit de l'Esprit, où chacune d'elles sera présentée comme une grappe et fera l'objet d'une ou plusieurs leçons particulières.

Questions sur la leçon

1. Quel est le sujet de la leçon d'aujourd'hui ?
2. En combien de points la leçon a -t-elle été divisée ? Citez-le ?
3. Dans quel passage se trouve le verset à mémoriser ? Récitez-le par cœur ?
4. Pourquoi dans Galates 5 :22 et dans Jean 15 :5 et 8, le mot fruit ne prend pas d's ?
5. Citez cinq qualités ou vertus mentionnées dans Galates 5 :22 ?

Le lait du chrétien

LEÇON 3

Sujet : L'amour chrétien

Texte biblique de base : 1 Corinthiens 13 :1 à 13

Verset à mémoriser : 1 Corinthiens 13 :13

Objectif de la leçon : Aider les élèves à comprendre l'importance de l'amour dans nos relations chrétiennes, et à réaliser que tout ce que nous faisons dans l'Église doit être motivé par l'amour. De même, tous les dons, pour être utiles et approuvés de Dieu, doivent être pratiqués dans l'amour.

Introduction de la leçon : Dans cette leçon, nous allons étudier : l'amour, le premier fruit de l'Esprit tel que mentionné dans Galates 5 :22. L'apôtre Paul a terminé le chapitre précédent (1 Cor. 12) en disant : « *Aspirez aux dons les meilleurs. Et je vais vous montrer une voie par excellence* ». Bien que le croyant puisse posséder plusieurs dons spirituels, mais Paul considérait la capacité d'aimer son prochain comme la plus grande qualité qu'un être humain puisse posséder. Les croyants de quelque Église qu'ils soient ont des talents naturels et des dons divers qu'ils ont reçus du Saint-Esprit. Cependant, tous sont appelés à manifester dans leur vie le fruit de l'Esprit, et c'est l'amour qui occupe la première place. Faire du bien aux autres ne nous sera d'aucune utilité, si cela n'est pas réalisé par amour pour Dieu et pour autrui. Un commentateur biblique (Gaston Deluz) a écrit : « *Un peu d'amour vaut mieux que beaucoup d'éloquence, de science et d'exaltation* ». Cette leçon sera enseignée en trois points : 1) L'amour qui provient de Dieu est tout ce qui compte ; 2) Les caractères de l'amour de Dieu ; 3) L'amour reproduit la nature divine en nous.

Développement de la leçon

I. **L'amour qui provient de Dieu est tout ce qui compte** (versets 1-3). On pouvait parler toutes les langues, sans amour, les grands savoirs, les beaux discours et la parole en d'autres langues ne sont que des bruits ; ils sont sans valeur. De même la prophétie, la connaissance des mystères, la foi qui transporte des montagnes, sans cet amour les dons le plus glorieux ne nous sont d'aucun crédit, et ils n'ont aucune estime aux yeux de Dieu ; on pouvait donner toutes ses possessions pour nourrir les pauvres, et même livrer son corps pour être brûlé, si l'on n'avait pas l'amour, cela ne nous sert de rien. L'amour est la conformité à la nature de Dieu, l'expression vivante de ce que Dieu est, la manifestation d'une participation à Sa nature : on agit d'après la nature de Dieu. Cet amour se développe en rapport avec les autres ; mais les autres ne sont pas le motif de son activité, quoiqu'ils en soient l'objet. L'amour a sa source au-dedans de celui en qui il agit ; sa force est indépendante des objets dont il s'occupe, et c'est ainsi qu'il peut agir là où les circonstances pourraient produire dans le cœur de l'homme l'irritation ou la jalousie. Il agit d'après sa propre nature dans les circonstances où il se trouve placé ; et en les considérant selon cette nature, les circonstances n'agissent pas sur l'homme qui est plein d'amour, sauf en tant qu'elles fournissent l'occasion de son activité et qu'elles en dirigent la forme. L'amour est son propre motif à lui-même ; lorsqu'il se manifeste en nous, la participation à la nature divine est son unique source. La communion avec Dieu lui-même est seule ce qui soutient l'amour à travers toutes les difficultés qu'il doit surmonter dans son chemin. Cet amour est l'opposé de l'égoïsme et de la recherche de soi-même, et les exclut ; il cherche le bien d'autrui, de même que Dieu l'a cherché pour nous en grâce. Quelle autre puissance que cet amour pour éviter le mal en soi-même, pour tout oublier afin de faire le bien ?

II. *Les caractères de l'amour de Dieu* (versets 4-7). Il est digne de remarquer que les qualités de l'amour divin sont presque entièrement d'un caractère passif. Les huit premières indiquées par l'Esprit sont l'expression de l'abnégation de soi-même. Les trois qui suivent marquent la joie que l'amour trouve dans le bien, ce qui délivre aussi de la tendance de la nature humaine à supposer le mal ; tendance si naturelle au cœur humain à cause du fond de mal qui se trouve dans le cœur et du mal dont on fait l'expérience dans ce monde. Les quatre derniers caractères indiqués par l'apôtre montrent l'énergie positive de l'amour qui, source de toute bonne pensée, croit au bien par le ressort puissant de la nature divine quand il ne voit pas ce bien, et supporte le mal quand il le voit, en le couvrant par le support et la patience. L'amour ne veut pas mettre le mal au jour, mais il le couvre dans la profondeur de cette nature qui aime, profondeur dont on ne trouve pas le fond parce que l'amour ne change pas, et que les pensées qui voudraient produire le mal au grand jour, ne trouvent jamais place en lui. On ne trouve que l'amour, là où il est réel et où il s'exerce ; car les circonstances ne sont qu'une occasion pour le mettre en exercice et le montrer. L'amour est toujours lui-même, et c'est l'amour qui s'exerce et se déploie. C'est cet amour qui remplit la pensée ; toute chose extérieure n'est qu'un moyen de réveiller l'âme pour l'exercice de l'amour lorsqu'elle demeure dans cet amour. C'est là le caractère divin. Sans doute le temps du jugement viendra, mais nos rapports avec Dieu sont en grâce : l'amour est la nature de Dieu ; c'est maintenant le temps de son exercice puisque nous représentons Dieu sur la terre en témoignage.

III. _L'amour reproduit la nature divine en nous_ (versets 8-13). Dans tout ce qui est présenté de l'amour dans notre chapitre, on trouve la reproduction de la nature divine, sauf que ce qui est dit n'exprime que le renoncement à l'égoïsme de la chair en nous. Or la nature divine ne change pas, et est permanente : l'amour demeure donc toujours. Les communications venant de la part de Dieu, les moyens par lesquels elles sont faites, la connaissance comme nous pouvons la posséder ici-bas et selon laquelle nous ne saisissons que partiellement la vérité, bien que toute la vérité nous soit révélée, en un mot tout ce qui a le caractère d'être « en partie » passe. Ici-bas nous saisissons la vérité en détail, de sorte que nous n'en avons jamais l'ensemble à la fois, le caractère de notre connaissance étant de saisir chaque vérité à part : par conséquent tout ce genre de connaissance passe. Mais l'amour ne passera pas. L'enfant apprend, il se réjouit aussi dans ce qui l'amuse ; l'homme mûr, il lui faut des choses selon l'intelligence qu'il a comme homme mature. Il en est ainsi des langues et des dons pour l'édification de l'assemblée. Au reste le temps vient où l'on connaîtra comme on a été connu, non par les communications des vérités à une capacité qui saisit la vérité dans ses diverses parties, mais où on la comprendra comme un tout dans son unité. Or l'amour subsiste déjà ; la foi et l'espérance existent aussi. Non seulement celles-ci doivent passer, mais même maintenant ici-bas ce qui est de la nature de Dieu est plus excellent que ce qui se rattache à la capacité de la nature humaine, même lorsqu'elle est éclairée de Dieu et qu'elle a pour objet la gloire révélée de Dieu.

Remarquons que l'amour n'est pas un don parmi ceux du chapitre 12, mais le mobile nécessaire à l'exercice de tous les dons. L'amour est l'atmosphère dans laquelle les dons devraient s'exercer, mais aussi l'énergie qui produit l'édification. Les Corinthiens qui possédaient tant de dons semblaient manquer d'amour. Avant de traiter le sujet de l'exercice des dons dans la vie de l'assemblée, l'apôtre qui avait déjà averti que « *la connaissance enfle, mais l'amour édifie* », vient établir la valeur suprême et la nécessité de l'amour. Sans amour, la parole, l'éloquence, la connaissance et la foi, ou même le sacrifice de sa propre personne ne sont rien. Mais si l'amour m'inspire, chacun de mes actes s'en trouve valorisé. Si par amour j'annonce l'Évangile, je ne suis pas un faiseur de bruit. Si l'amour est l'énergie de ma foi, la source de ma générosité, alors toutes mes actions ont de la valeur pour Dieu.

En conclusion, nous venons d'étudier la première grappe du fruit de l'Esprit qui est l'amour. Voici donc un résumé de 1 Corinthiens chapitre 13 :

- L'amour chrétien est meilleur que tous les dons miraculeux.

- La nature de l'amour et son action.
- Les dons miraculeux passeront, l'amour durera éternellement.
- Toute la connaissance humaine est imparfaite et transitoire.
- Mais la foi, l'espérance, et l'amour sont éternels.
- Parmi les trois qui sont éternels, l'amour est le plus grand.

Questions sur la leçon

1. Quel est le sujet de la leçon d'aujourd'hui ?

2. En combien de points la leçon a -t-elle été divisée ? Citez-les ?

3. Dans quel passage se trouve le verset à mémoriser ? Récitez-le par cœur ?

4. Quelle est l'idée fondamentale de 1 Corinthiens chapitre 13 ?

5. Pourquoi nos dons doivent-ils s'exercer dans l'amour ?

Le lait du chrétien

LEÇON 4

Sujet : L'amour de Dieu

Texte biblique de base : 1 Jean 4 :8 à 16

Verset à mémoriser : Romains 5 :8

Objectif de la leçon : Cette leçon a pour objectif d'aider les élèves à faire une distinction claire et nette de l'amour de Dieu des autres types d'amour qui existent. Et dans cette leçon, l'emphase sera mise sur l'amour *Agapè*, l'amour qui porte Dieu à aimer de viles pécheurs comme nous.

Introduction de la leçon : Il existe au moins quatre mots grecs qui se traduisent par amour. Il y a : *eros,* qui a donné « érotisme » en français, qui est un terme qui exprime la passion ou la convoitise. Aujourd'hui, on dirait plutôt le sexe. Ensuite il y a le mot *philia* qui signifie *affection* et qui a donné en français *filiation* et tous ses dérivés. C'est l'amour du prochain, d'un frère, d'un ami, c'est-à-dire l'amour humain à son niveau le plus noble. Il y a aussi ce mot peu connu qui est : *storge*, qui est l'amour familial, tel que l'amour d'un parent pour ses enfants et vice versa. Enfin, il y a le mot *agapè,* qui est beaucoup plus qu'un sentiment. C'est l'amour divin désintéressé par excellence qui a pour objet les êtres humains comme vous et moi, alors qu'il n'y a absolument rien d'aimable en nous. *Agapè* était rarement utilisé en grec avant que les chrétiens l'aient choisi pour caractériser l'amour de Dieu ainsi que la charité chrétienne, un élan du cœur inconnu des païens. Cette leçon sera enseignée en deux points : 1) Les différents mots grecs traduits par : Amour ; 2) Les conséquences de l'amour de Dieu selon 1 Jean 4 :8-16.

Développement de la leçon

I. *Les différents mots grecs traduits par « amour »*. Le *premier* mot que nous allons utiliser est l'amour « *Eros* », qui est fondé sur une relation sensuelle, charnelle, sexuelle, éventuellement amoureuse et passionnelle. Ce peut être l'ivresse d'un « *coup de foudre* » qui induit un fort désir de l'autre. Cela peut être délicieux et ravageur. Dans ce genre d'amour, il y a un risque de vivre une illusion, d'aimer l'image de l'autre basée sur des fantasmes et l'imaginaire. Le partenaire peut être vécu comme un objet d'amour conditionnel où l'ego possessif prend toute la place. Si l'attachement à une personne est uniquement conditionné par une passion érotique, le risque de perdition est présent et le Malin peut en faire un terrain de prédilection dévastateur. *Eros* était utilisé en rapport avec les déesses Aphrodite et Vénus associées à l'amour sexuel. Ce mot n'apparaît pas dans le Nouveau Testament. Cependant l'amour *Eros* peut initier une relation qui évoluera vers l'amour *Philia* ou *Agapè* afin de se vivre harmonieusement à la longue.

Le *second* mot est l'amour « *Philia* », qui est l'attachement lié à un sentiment d'amitié, associé à des valeurs, des centres d'intérêts et des objectifs communs. Nous retrouvons aussi la racine du mot philia dans Philadelphie et philanthropie. Cet amour prend appui sur des plaisirs partagés, des échanges, du jeu, de la solidarité et de la complicité. La relation est chaleureuse et affective, chacun ayant le souci de l'autre. Cependant, il est conditionnel car il est fondé sur des activités ou des vécus partagés. *Philia* est une affection envers les autres qui dépasse le fait d'un bon sentiment pour devenir un engagement mutuel (ex. Jean 11 :1-3 ; 35-36).

Le *troisième* mot pour l'amour est « *Storge* », c'est aimer quelqu'un par le biais de la familiarité, des membres de la famille ou des personnes qui se rapportent de manière familière et qui se sont autrement retrouvées liées par hasard. Un composé de *Storge* se trouve dans Romains 12 :10 : « *Aimez-vous les uns les autres d'une affection fraternelle* ». Des liens familiaux solides et des relations de soutien enracinées dans l'amour *Storge* contribuent à notre sentiment de bonheur et de bien-être.

Le *quatrième* mot pour l'amour est « *Agapè* », c'est un amour fraternel, universel, altruiste (*disposition à s'occuper d'autrui*), spirituel. Il se donne « *gratuitement* », de manière désintéressée. Il est l'amour inconditionnel, il accepte l'autre tel qu'il est, avec ses qualités et ses défauts. C'est l'amour en dépit de tout, malgré tout. Il souhaite son bien-être sans profit personnel. Il a de la compassion pour l'autre et l'aime même s'il n'est pas aimable. C'est un amour affranchi de l'ego qui se situe au-delà de l'émotionnel. *Agapè* est le genre d'amour ressenti par une personne prête à faire n'importe quoi pour une autre, sans rien attendre en retour. L'amour Agapè, qui est le plus souvent couronné comme la forme la plus élevée de l'amour chrétien, est le type d'amour et d'action qui montre l'empathie ; il étend le désir de faire le bien à l'être aimé ; veut le meilleur ; apporte de l'aide ou fait preuve de bonnes intentions ; et s'adresse à tous. L'amour *Agapè* est un amour sacrificiel. Il est l'amour de Jésus pour l'humanité entière pour laquelle Il a donné Sa vie. C'est de cet amour qu'il nous est proposé de L'aimer. De même en est-il envers notre prochain.

II. <u>Les conséquences de l'amour de Dieu, selon 1 Jn 4 :8-16.</u>

a) L'apôtre Jean adresse ses exhortations en développant la plénitude et l'intimité de nos relations avec un Dieu d'amour, nous participons à la nature dans laquelle l'amour est de Dieu, parce que nous sommes nés de Dieu, et celui qui est né de Lui, aime comme Il nous a aimés — puisque nous participons donc à Sa nature et Le connaissons. En revanche, celui qui n'aime pas, ne connaît pas Dieu. Car il faut posséder la nature qui aime, pour savoir ce que c'est que l'amour. Celui donc qui n'aime pas, ne connaît pas Dieu, car Dieu est amour. Et cet amour a été manifesté envers nous, en ce qu'Il a donné Son Fils unique pour que nous vivions par Lui. Le Père a envoyé Son Fils unique dans un monde où Il savait qu'Il rencontrerait le rejet, la haine et finalement la mort. Mais l'amour du Père qui envoie le Fils, l'amour du Fils qui se livre volontairement était plus fort. Cet amour dont l'apôtre Jean nous décrit ici, c'est l'amour *Agapè*.

b) Quand nous nous aimons sincèrement, nous devenons alors des représentants de Dieu. Par notre amour mutuel, nous faisons connaître le Dieu d'amour invisible, Sa présence invisible se révèle en nous. Personne n'a jamais vu Dieu. Le Dieu invisible, inaccessible, se manifeste en nous par la communion de l'amour fraternel qui est une preuve sensible de Sa présence, de sa communion intime avec nous. Ainsi, si nous nous aimons les uns les autres, Dieu demeure en nous. Sa présence, Lui-même habitant en nous, s'élève dans l'excellence de Sa nature au-dessus de toutes les barrières des circonstances, et nous attache à ceux qui sont à Lui. Si nous nous aimons les uns les autres, Dieu demeure en nous, et Son amour est consommé en nous.

c) Si Dieu nous a ainsi aimés, nous aussi nous devons nous aimer les uns les autres (1 Jean 4 :11). Cet amour merveilleux nous impose une obligation : « *nous devons* ». Ce n'est pas : « *nous pouvons* », ni même « *nous ferons de notre mieux* », mais « *nous devons nous aimer les uns les autres* » comme ayant été nous-mêmes aimés d'un si grand amour. C'est une obligation basée sur la grâce, et aussi sur notre nature comme nés de Dieu. Peut-être aurions-nous pensé qu'en réponse à l'amour de Dieu pour nous, l'apôtre nous exhorterait à aimer Dieu de tout notre cœur ? Mais il nous enjoint par-dessus tout de nous aimer les uns les autres. Telle est la preuve vérifiable de notre gratitude envers Dieu. Car l'amour est le signe distinctif d'être disciple du Christ, comme il est écrit : « *À ceci tous connaîtront que vous êtes mes disciples, si vous avez de l'amour les uns pour les autres* » (Jean 13 :35).

En conclusion, nous venons d'étudier l'amour de Dieu et ses conséquences dans notre vie. Cette leçon est une suite de la leçon précédente. Nous avons, à travers cette leçon, présenté une liste de mots grecs traduisant l'amour en français, mais nous avons mis l'emphase sur l'amour *Agapè*. Nous sommes encouragés comme des bénéficiaires de l'amour de Dieu à partager ce même amour. Aimer l'autre, c'est cultiver des sentiments de bienveillance et de compassion à son égard, reconnaître ses blessures à l'origine d'agissements déviants, cultiver le non-jugement. Aimer l'autre, c'est respecter nos différences et accepter que nous sommes tous en chemin avec des degrés de maturité et d'évolution propres à chacun.

Questions sur la leçon

1. Quel est le sujet de la leçon d'aujourd'hui ?

2. En combien de points la leçon a-t-elle été divisée ? Citez-les ?

3. Dans quel passage se trouve le verset à mémoriser ? Récitez-le par cœur ?

4. Citez deux mots grecs pour traduire l'amour, et donnez leur définition ?

5. Lequel des mots grecs faisait l'objet de la leçon d'aujourd'hui ?

Le lait du chrétien

LEÇON 5

Sujet : La joie

Textes bibliques de base : Jean 15 :11 ; 1 Thess. 5 :16 ; 1 Pierre 4 :13

Verset à mémoriser : Philippiens 4 :4

Objectif de la leçon : Cette leçon aidera les élèves à comprendre la différence entre la joie et le bonheur. Le bonheur est un état qui varie en fonction des circonstances, alors que la joie est une attitude de cœur. La joie est à la fois un don de Dieu et une facette du fruit de l'Esprit. Elle vient quand nous sommes conscients de la grâce et de la faveur de Dieu.

Introduction de la leçon : La joie est censée caractériser la vie chrétienne. En hébreu, les mots ne manquent pas pour exprimer la joie, ce qui met en lumière le caractère exubérant de la vie individuelle et religieuse d'Israël (ex. Sophonie 3 :14, où quatre mots différents sont utilisés pour traduire la joie et les réjouissances). Le vocabulaire grec du N.T. est plus limité. La racine grecque du terme joie est *chara*, proche de charis (grâce). L'épître de Paul aux Philippiens a beaucoup à dire au sujet de la joie, bien que Paul l'ait écrite en prison. Dans Philippiens 4 :4-6, il décrit la joie dans la vie chrétienne comme une certitude : « *Réjouissez-vous toujours dans le Seigneur ! Je le répète : réjouissez-vous ! Le Seigneur est proche. Ne vous inquiétez de rien, mais en toute chose faites connaître vos besoins à Dieu par des prières et des supplications, dans une attitude de reconnaissance. Et la paix de Dieu, qui dépasse tout ce que l'on peut comprendre, gardera votre cœur et vos pensées en Jésus-Christ* ». La joie vient quand nous louons Dieu de tout notre cœur, de même que la communion avec Lui par la prière et un cœur attaché aux choses de Dieu, plutôt qu'aux circonstances adverses ou aux sujets de mécontentement. La joie chrétienne tire son origine uniquement en Dieu. Cette leçon sera enseignée en <u>trois points</u> : 1) Une exhortation à être dans la joie ? ; 2) L'importance de la joie dans la vie du croyant ; 3) Qu'implique une vie chrétienne joyeuse ?

Développement de la leçon

I. *Une exhortation à être dans la joie ?* Dans 1 Thess. 5 :16, Paul écrit : « *Soyez toujours joyeux* ». Par ce verset, l'apôtre Paul nous invite à être dans la joie. Le croyant doit se réjouir, c'est une obligation.

a) La faisabilité d'un tel commandement. Paul demande aux croyants à être toujours dans la joie. Mais face aux difficultés, aux épreuves de la vie, comment peut-on rester joyeux ? Comment combattre la tristesse qui peut s'emparer de nous parfois ? À travers la Bible, nombreux sont les passages qui évoquent la joie, celle de Dieu et celle à laquelle nous, Ses enfants, sommes appelés. Les exhortations à la joie retentissent partout dans l'Ancien Testament et le Nouveau Testament, dans le livre des Psaumes en particulier : « *Poussez vers l'Éternel des cris de joie, vous tous, habitants de la terre ! Servez l'Éternel, avec joie, venez avec allégresse en sa présence !* » (Psaume 100 :1-2). Ainsi la joie est l'état normal de l'enfant de Dieu. Généralement, la joie est une des émotions humaines les plus puissantes, qui tire souvent son origine des expériences douloureuses de la vie. C'est de la souffrance la plus profonde que la véritable joie commence à jaillir.

b) L'exemple de Paul et de Silas dans la prison. Actes 16 :25, nous dit que : Vers le milieu de la nuit, Paul et Silas priaient et chantaient les louanges du Seigneur (on pourrait se demander comment et avec quel courage ?). Leur joie était totalement indépendante de leurs circonstances. Les autres prisonniers entendaient chanter ces hommes au corps meurtri, le cœur débordant de joie et de paix ! Ils manifestaient une jouissance et un bonheur qui ne pouvaient venir que de

Dieu et que sans doute, aucun de ceux qui les écoutaient ne possédait. Leurs chants étaient inspirés du ciel. Dieu est la source de la joie du chrétien. Le psalmiste s'écria dans le Psaume 43 :4, « *J'irai vers l'autel de Dieu, de Dieu, ma joie et mon allégresse* … ».

II. L'importance de la joie dans la vie du croyant. Dans Jean 15 :11, nous constatons que Jésus éprouvait une joie profonde à être en communion avec Dieu Son Père. Il désirait que Ses disciples connaissent la joie qui découle de leur dépendance à Son égard et que Sa joie soit aussi la leur. Jésus dit ces choses à Ses disciples pour qu'ils connaissent la joie qu'Il a Lui-même toujours connue. Il s'agit d'une joie spirituelle, une joie intérieure. Tout l'objectif de cet enseignement se concentre sur la joie : ma joie, votre joie. La joie des disciples se fonde sur la joie du Maître, joie qui découle d'un service allant jusqu'au total oubli de soi-même. La joie de l'hypocrite ne dure qu'un moment, mais la joie de ceux qui demeurent dans l'amour de Christ est une fête continuelle. Aux yeux de l'incroyant la joie consiste à rechercher le bonheur en laissant Dieu en dehors de sa vie. Mais le Seigneur enseigna que la vraie joie consiste à inclure au maximum Dieu dans sa vie.

On expérimente souvent la joie ponctuellement, mais il est plus important encore de réaliser que la joie que Dieu nous propose nous accompagne tous les jours, car elle ne dépend pas des circonstances, et elle nous rend forts dans la vie. La joie est essentielle pour pouvoir supporter les fardeaux de la vie. Mais l'absence de joie chez un chrétien est une chose anormale. Si nous allons au travail sans joie, nous allons sans doute avoir du mal à bien faire notre travail. Si notre vie de famille ne se vit pas dans la joie, elle risque d'être insupportable. Une vie chrétienne est marquée par la joie parce qu'elle repose sur Dieu. Nous pouvons certes trouver de la joie dans différentes activités ou dans certaines relations amicales, mais notre joie ultime repose sur Dieu.

III. *Qu'implique une vie chrétienne joyeuse ?*

Une vie chrétienne normale est marquée par la joie parce qu'elle repose sur Dieu qui est le fondement pour toute vie chrétienne joyeuse et heureuse. La joie est un mode de vie donné et ordonné par Dieu. Pour les chrétiens, la joie n'est donc pas le résultat d'une vie facile et sans difficultés, ou quelque chose lié à des changements de circonstances ou d'états d'âme, mais une profonde et constante attitude qui naît de la foi en Jésus-Christ. Une vie chrétienne joyeuse implique de mettre sa joie dans le Seigneur : la joie est aussi un fruit de la foi ; il s'agit de reconnaître la présence du Seigneur, Son aide et Son amitié chaque jour. Une vie chrétienne joyeuse implique de mettre notre confiance en Lui ; c'est aussi grandir dans la connaissance et dans l'amour pour Lui.

Dans Philippiens 4 :4, Paul recommande aux Philippiens de se réjouir dans le Seigneur. Réjouissez-vous, leur dit-il ! Ce n'est pas une option facultative, mais un ordre. Une tristesse perpétuelle est une désobéissance à la Parole de Dieu. Quelles que soient les circonstances de sa vie, aussi sombres soient-elles, le chrétien peut toujours se réjouir dans le Seigneur. Un commentateur (Jowett) nous fait part de son expérience concernant la joie chrétienne, il déclare :

> La joie du chrétien est un état d'esprit indépendant des circonstances immédiates. Dans le cas contraire, elle serait comme une bougie allumée par une nuit de grand vent : par moments la flamme brûle, éclaire de façon régulière, à d'autres elle est bien près de s'éteindre et ne projette qu'une faible lumière. Cette joie n'est pas liée aux circonstances fluctuantes de notre vie éphémère sur terre.

Vivre et ressentir la joie nous apporte de l'énergie et de la force, deux ingrédients nécessaires pour développer notre résilience et ainsi être paré à affronter les moments moins joyeux de chaque jour. Cependant, le grand pouvoir de la joie se dévoile lorsqu'on la partage et qu'elle se propage.

En conclusion, nous venons d'étudier la deuxième grappe ou facette du fruit de l'Esprit qui est la joie. La joie fait partie intégrante de la vie de la foi. Elle est une qualité, et pas seulement une émotion, dont Dieu est à la fois l'objet (Ps. 16 :11) et la source (Romains 15 :13). En effet, la joie chrétienne est la conséquence de la possession de Dieu par la foi et par la charité, elle est le fruit de l'exercice de toutes les vertus. Chez un chrétien qui vit de foi, la joie dépasse le tempérament, la santé, le bien-être, les succès professionnels et sociaux, etc. Le paradoxe de la foi chrétienne, c'est que la tristesse peut être changée en joie par l'Esprit. Paul déclare dans 2 Cor. 7 :4, « Je suis rempli de consolation, je suis comblé de joie au milieu de toutes nos afflictions ». Dans le Psaume 32 :11, le psalmiste déclare : « Justes, réjouissez-vous en l'Éternel et soyez dans l'allégresse ! Poussez des cris de joie, vous tous qui êtes droits de cœur ! ».

Questions sur la leçon

1. Quel est le sujet de la leçon d'aujourd'hui ?

2. En combien de points la leçon a -t-elle été divisée ? Citez-les ?

3. Dans quel passage se trouve le verset à mémoriser ? Récitez-le ?

4. D'après cette leçon, un chrétien peut-il vraiment être en joie au milieu des difficultés ? Si oui, expliquez ? Si non, expliquez ?

5. Quelle différence faites-vous entre « joie » et « bonheur » ?

Le lait du chrétien

LEÇON 6

Sujet : La paix

Textes bibliques de base : Romains 5 :1 ; Éphésiens 2 :13 à 14.

Verset à mémoriser : Jean 14 :27

Objectif de la leçon : À la fin de cette leçon, les élèves seront en mesure de faire la différence entre le concept biblique de paix, du concept moderne de paix. L'absence de conflit, de guerre ou d'effusion de sang, aujourd'hui recherchée à tout prix par l'humanité, est très éloignée de ce que la Bible enseigne.

Introduction de la leçon : Dans la Bible, la paix n'est possible que lorsque l'autorité de Dieu sur l'ordre créé est reconnue, dans les relations de Dieu avec le monde, qu'il s'agisse du domaine matériel ou du domaine humain. Dans l'Ancien Testament, la paix survient lorsqu'une personne se soumet à Dieu comme il convient, ou à l'émissaire de Dieu. Dans le Nouveau Testament, le concept de paix s'élargit, tout en continuant de refléter l'aspect vétérotestamentaire. Dans le Nouveau Testament, l'apôtre Paul voit en Jésus Celui qui apporte la paix. Ses disciples interprètent Sa vie et Son enseignement, Sa mort et Sa résurrection, à la lumière de la paix que ces évènements apportent. C'est ainsi que dans Romains 5 :1, Paul écrit : « *Étant donc justifiés par la foi, nous avons la paix avec Dieu par notre Seigneur Jésus-Christ* ». Cette leçon sera enseignée en trois points : 1) Une compréhension spirituelle du mot « paix » ; 2) La paix avec Dieu et la paix de Dieu ; 3) La recommandation de rechercher la paix.

I. *Une compréhension spirituelle du mot « paix »*. Dans les Évangiles, Jésus reprend à Son compte la paix de l'A.T. lorsqu'Il donne la priorité aux relations avec Dieu, mettant au second plan les relations humaines, y compris familiales. Jésus donne la paix à ceux qui sont affligés ; Il ordonne aux éléments naturels de s'apaiser. Il se présente comme l'instrument de paix de Dieu, en relation avec le monde et l'humanité. Dans Jean 14 :27, le Seigneur Jésus avait pressenti toutes les difficultés et toutes les craintes qui pourront encore assaillir le cœur de Ses disciples, leur fait part d'une grâce suprême, d'un bien sans lequel il n'y a point pour l'homme de bonheur, mais avec lequel il ne saurait jamais être malheureux : la paix. Il ne leur légua pas des biens matériels mais quelque chose que l'argent ne peut acheter — la paix intérieure de la conscience et de la tranquillité issue du pardon des péchés et de la réconciliation avec Dieu. Il leur laissa donc la paix, comme le plus précieux des soutiens à Son départ. Il leur donna Sa paix, la paix inaltérable et profonde dont Il jouissait Lui-même et qu'Il puisait constamment dans la communion de Son Père. Il ne la donne pas comme le monde donne — pour peu de temps. Mais ce don de la paix de Jésus est éternel. C'est donc Jésus (et non les sacrifices d'animaux) qui communique la paix de Dieu à ceux qui sont dans l'angoisse ; d'où l'usage qu'Il fait du mot « paix » pour accueillir Ses disciples après la résurrection.

Le langage de paix et de réconciliation est défini dans plusieurs textes essentiels pauliniens (2 Cor. 5 :18-21 ; Col. 1 :20-22 ; Éph. 2 :14-17). Paul utilise ce langage de la paix pour parler d'un processus de restauration d'une relation brisée. Pourtant c'est la partie offensée qui prend l'initiative. Ce ne sont pas les humains qui s'approchent de Dieu pour faire la paix, mais c'est Dieu qui tend la main à l'humanité. Et chaque fois Paul parle de réconciliation, il montre clair que c'est par la mort sacrificielle de Jésus-Christ que des relations de paix entre Dieu et l'humanité peuvent être rétablies.

II. *La paix avec Dieu et la paix de Dieu* . La paix avec Dieu et la paix de Dieu sont deux termes similaires qu'il convient de faire une distinction.

> *a) Quand est-ce qu'on peut parler de la paix avec Dieu ?* Avant de pouvoir comprendre ce que signifie avoir la paix avec Dieu, nous devons reconnaître que, dans notre

état naturel, nous sommes des ennemis de Dieu. Parce que nous avons hérité d'une nature pécheresse d'Adam et Ève, nous sommes nés avec une disposition malveillante. Cette nature rebelle nous met en désaccord avec notre Créateur parfait. Sa nature juste ne peut pas ignorer notre péché ; Sa justice exige une punition (Romains 3 :23 ; 6 :23). Nous ne pouvons pas négocier la paix avec Dieu même en donnant le meilleur de nous-mêmes car toutes nos bonnes actions ne sont que des vêtements sales comparés à Sa sainteté (Ésaïe 64 :6). En acceptant Jésus-Christ comme Sauveur, nous avons été justifiés par la foi, nous avons la paix avec Dieu par notre Seigneur Jésus-Christ (Romains 5 :1). La paix avec Dieu signifie que notre lourde dette de péché a été payée et que Dieu nous considère comme justes (Colossiens 2 :14 ; Romains 3 :22). Nous ne sommes plus des ennemis mais des enfants bien-aimés. La paix avec Dieu signifie que nos consciences sont purifiées. Le poids écrasant de la culpabilité qui nous accablait tous a disparu, placé sur Jésus à la croix (1 Pierre 2 :24). Être en paix avec Dieu permet également au chrétien de vivre sans crainte de la mort ou de l'éternité.

b) La paix avec Dieu est le point de départ d'une relation rétablie et constante avec Dieu. Ayant fait la paix avec Dieu, nous sommes maintenant en mesure d'obtenir la paix de Dieu. Cette paix de Dieu, le plus grand de tous les biens, surpasse toute intelligence, parce que la raison humaine ne comprend pas qu'elle existe là où tout est propre à produire l'inquiétude et le trouble. Le chrétien lui-même, dans l'affliction, ne voyant aucun moyen de délivrance, éprouve que la paix de Dieu surpasse tous les efforts inquiets de son esprit pour trouver la paix. L'apôtre ne parle point ici de la paix qu'on ressent lorsque le mal cesse, mais d'une paix qui, au sein même de l'épreuve, remplit l'âme de consolations et n'y laisse pas pénétrer le trouble. Quand la paix de Dieu remplit notre esprit, l'inquiétude disparaît. La paix de Dieu dépasse notre entendement. Notre raisonnement nous fait voir ce qui nous inquiète ; mais lorsque la paix de Dieu nous inonde, l'inquiétude est bannie. La paix de Dieu ne se trouve qu'en Christ. Les inquiétudes sont une arme de Satan. La paix de Dieu a un sens de saint repos et de sérénité qui remplissent l'âme du croyant fermement appuyé sur Dieu.

III. *La recommandation de rechercher la paix*. Nous devons aimer la paix, faire la paix, et être en paix. Dans Romains 12 :18, Paul déclare : « S'il est possible, autant que cela dépend de vous, soyez en paix avec tous les hommes ». Il n'est pas toujours possible d'être en paix avec tous les hommes. Il existe des individus avec lesquels nous ne pouvons pas vivre en paix. Paul énonce ici un principe général : s'il est possible, vivez en paix, même avec vos ennemis. Il va de soi qu'à l'intérieur de l'Église, la paix doit régner entre tous. Loin de conserver le souvenir des torts qu'on nous fait, nous devons tout faire pour vivre en paix avec tous les hommes. Nous sommes appelés à être des « artisans de la paix », toutefois, cela n'est pas toujours en notre pouvoir. Dans Matthieu 5 :9, une béatitude est promise à ceux qui procurent la paix : ils seront appelés fils de Dieu. Remarquons que le Seigneur ne parle pas de ceux qui ont des dispositions pacifiques ou de ceux qui aiment la paix. Il désigne ceux qui agissent en faveur de la paix.

Dans Hébreux 12 :14a, nous sommes exhortés à rechercher la paix avec tous. Il est impossible de vivre en paix avec tout le monde, car certaines personnes s'opposeront à nous simplement à cause de notre foi en Christ. Mais dans toute la mesure du possible, nous devons cultiver des relations paisibles avec autrui. Donc, si nous sommes exhortés à vivre en paix avec les non-croyants, à combien plus forte raison devons-nous le faire avec nos frères et sœurs dans la foi. Dans Éphésiens 4 :3, nous sommes exhortés à conserver l'unité de l'Esprit par le lien de la paix. Pour demeurer unis, nous devons

Le lait du chrétien

nous lier les uns aux autres par le lien de la paix. La paix est décrite ici comme une colle qui nous adhère. La paix est le lien qui unit les membres du corps malgré leurs grandes différences naturelles. Le psalmiste David va plus loin encore quand il dit au Psaume 34 :15, « *Recherche et poursuis la paix* ».

En conclusion, nous venons d'étudier dans cette leçon, une autre grappe du fruit de l'Esprit qui est la paix. Le message fondamental du N.T., en ce qui a trait à la paix est double. Premièrement, Dieu désire être en paix avec l'humanité, au point d'agir pour faire advenir la paix ; deuxièmement, l'œuvre du Christ à la croix conduit à l'instauration des relations de paix entre Dieu et l'humanité, et permet à ceux qui croient en Lui de vivre en paix les uns avec les autres.

Questions sur la leçon

1. Quel est le sujet de la leçon d'aujourd'hui ?
2. En combien de points la leçon a-t-elle été divisée ? Citez-les ?
3. Dans quel passage se trouve le verset à mémoriser ? Récitez-le par cœur ?
4. Établissez la différence entre la paix avec Dieu et la paix de Dieu ?
5. C'est quoi le concept moderne de la paix ?

Le lait du chrétien

LEÇON 7

Sujet : La patience

Texte biblique de base : Jacques 5 :7 à 11

Verset à mémoriser : Jacques 5 :8

<u>Objectif de la leçon</u> : Aider les élèves à comprendre l'importance de la patience dans l'attente de l'accomplissement des promesses de Dieu. Les hommes trouvent le temps de Dieu long parce qu'ils le mesurent selon leur propre vie ; mais tout ce temps n'est rien pour Dieu ; il est comme un simple instant.

<u>Introduction de la leçon</u> : L'auteur de l'épître de Jacques revient sur ce sujet de la patience qui lui tient à cœur (voir aussi Jacques 1 :3-4). Jacques s'adresse maintenant aux croyants opprimés et les encourage à être patients au milieu de leurs afflictions. La patience est une vertu précieuse pour Dieu, Lui qui est patient envers tous les hommes. Le mot « *patience* » a pour définition : Vertu qui fait supporter les adversités, les douleurs, les injures, les incommodités, etc. ; il signifie également : Tranquillité, calme, sang-froid avec lequel on attend ce qui tarde à venir ou à se faire ; la patience c'est la constance, la persévérance à faire une chose, à poursuivre un dessein malgré les obstacles rencontrés, et les peines endurées. Cette leçon sur la patience sera enseignée en <u>trois points</u> : 1) Les origines grecques du mot « patience » ; 2) Des exemples typiques sur la patience ; 3) L'importance de la patience dans la vie du croyant.

Développement de la leçon

I. <u>**Les origines grecques du mot patience**</u>**:** Principalement, deux mots grecs sont rendus en français par patience : *makrothumia* (patience) et *hupomonê* (patience, parfois traduit par persévérance). Le premier mot désigne la longanimité de Dieu ou des hommes [*patience avec laquelle un être* *puissant et bon endure les fautes, les insultes qu'il pourrait punir*], ex. Ro 2 :4 ; Ép. 4 :2 « *Ou méprises-tu les richesses de sa bonté, de sa patience et de sa longanimité, ne reconnaissant pas que la bonté de Dieu te pousse à la repentance — en toute humilité et douceur, avec patience, vous supportant les uns les autres avec charité* ». Dans le Nouveau Testament, le mot *makrothumia* apparaît 14 fois et le verbe *makrothumeô* est mentionné 10 fois. Ces deux termes décrivent l'attitude inébranlable de celui qui ne cède pas. Dans le Nouveau Testament la patience indique la force morale ou la ténacité. Elle est un aspect du fruit de l'Esprit.

Maintenant pour le second mot, il désigne la persévérance ou l'endurance des chrétiens. Dans le Nouveau Testament, *hupomonê* (persévérance) apparaît 30 fois et le verbe qui lui correspond *hupomeneô*, employé dans le sens d'endurer, est mentionné 15 fois. *Hupomonê* est généralement mis en rapport [relié] avec la tribulation (*la tribulation produit la persévérance*, cf. Romains 5 :3), la foi (*la mise à l'épreuve de la foi produit la patience*), l'espérance (la patience et la consolation produisent l'espérance). Souvent *hupomonê* est aussi mis en rapport avec un but glorieux ou une chose noble. C'est une espérance ardente qui permet d'endurer les difficultés sans résignation, car la gloire se trouve en vue. Ainsi Jacques pouvait dire à ces croyants opprimés : « *prenez donc patience, frères, jusqu'à l'avènement du Seigneur* » (Jacques 5 :7).

II. *Des exemples typiques sur la patience*. Les promesses de Dieu sont pour ceux qui font preuve de patience et de foi. Car lorsque nous sommes impatients nous avons souvent tendance à vouloir aller au-devant de Dieu. On se rappelle la promesse de Dieu à Abraham. C'est parce qu'Abraham a patiemment attendu, qu'il a obtenu ce qui lui avait été promis (Hébreux 6 :15). La patience est une vertu que les chrétiens devraient cultiver en attendant le jour du Seigneur. Ils doivent prendre pour exemple le laboureur, que Jacques mentionne, qui attend le fruit de la terre, plein de patience à son égard. Que de patience il faut à l'agriculteur ! Il ne moissonne pas le jour où il ensemence. Considérons celui qui attend sa récolte de grains ; est-ce que vous n'attendriez pas patiemment pour une couronne de gloire si vous devez être appelé à attendre plus longtemps que l'agriculteur ? Une longue période d'attente s'écoule entre les deux opérations. Dans ce même texte, Jacques penche aussi sur les prophètes qui n'ont jamais cessé de se confier en l'Éternel malgré les difficultés rencontrées. Nous les voyons souffrir l'affliction, endurer avec patience les épreuves, et dans bien des cas mourir à cause du témoignage rendu.

La patience est l'une des grandes caractéristiques de Dieu. Paul dit dans Romains 9 :22, « *Et que dire, si Dieu, voulant montrer sa colère et faire connaître sa puissance, a supporté avec une grande patience des vases de colère formés pour la perdition* ». Lorsque Dieu devait détruire la race humaine déchue, Il a attendu patiemment que Noé construise l'arche avant de provoquer le déluge pour juger l'humanité pécheresse. Pierre dit que la patience de Dieu se prolongeait ... (1 Pierre 3 :20). Les hommes doivent leur salut à la *makrothumia* de Dieu : « *Le Seigneur ne tarde pas dans l'accomplissement de la promesse, comme quelques-uns le croient ; mais il use de patience envers vous, ne voulant pas qu'aucun périsse, mais voulant que tous arrivent à la repentance – Croyez que la patience de notre Seigneur est votre salut, comme notre bien-aimé frère Paul vous l'a aussi écrit, selon la sagesse qui lui a été donnée* » (2 Pierre 3 :9, 15).

III. *L'importance de la patience dans la vie du croyant*. Le chrétien devrait également faire preuve de patience à l'égard de ses frères dans la foi, comme cela est dit dans (1 Thessaloniciens 5 :14). Jean Chrysostome, l'un des premiers pères de l'Église, a défini la patience comme la capacité de renoncer à exercer la vengeance. Pour John Lightfoot, théologien Anglais et érudit rabbin, la patience c'est renoncer à user de représailles envers quelqu'un qui nous a fait du tort. Pour l'apôtre Paul, la patience est la marque d'un service chrétien authentique. C'est pourquoi dans Tite 2 :2, l'apôtre souligne que l'enseignant de la Parole de Dieu doit en particulier exercer son ministère avec patience. La patience fait partie du fruit de l'Esprit (Galates 5 :22). Sans elle, le croyant ne peut pas marcher d'une manière digne de la vocation qui lui a été adressée.

La longue patience ou longanimité de Jésus-Christ est exemplaire. Le croyant doit courir avec persévérance l'épreuve qui lui est proposée, les yeux fixés sur Jésus (...) qui, au lieu de la joie qui lui était proposée, a supporté la croix, méprisé l'ignominie. Il a supporté les sarcasmes et les injures des chefs, des prêtres, des anciens et des malfaiteurs cloués à Ses côtés. Comme chrétiens, nous devons être patients au travers des épreuves dont nous sommes exposés. L'une des épreuves pour le chrétien consiste à vivre parmi les hommes pécheurs et à les voir prospérer en dépit de leur méchanceté. Les plus grandes leçons de la vie du chrétien sont souvent apprises dans les jours difficiles. Pour développer la foi et le caractère de ceux qu'Il aime, Dieu châtie et met à l'épreuve Ses serviteurs. Ainsi, nous devons subir avec patience la correction divine. Sommes-nous éprouvés, nos cœurs sont-ils oppressés du fardeau de tous les maux injustes ? La Parole de Dieu nous dit : « *Usez donc de patience !* » Nous sentons-nous troublés, alors que tout au-dedans et au dehors paraît incertain et ébranlé ? Alors, ce message nous vient : « *Affermissez vos cœurs !* » La foi et la patience exigées dans les épreuves approfondissent l'expérience du croyant qui doit ainsi considérer les difficultés comme un sujet de joie complète.

En conclusion, nous venons d'étudier dans cette leçon, une autre grappe du fruit de l'Esprit qui est la patience. La patience, c'est la qualité de persévérer vers un but en endurant les épreuves ou en attendant patiemment que la promesse s'accomplisse. Cependant, la patience ne se développe pas du jour au lendemain. Elle se développe et se fortifie quand nous nous reposons sur la volonté et le temps parfaits de Dieu. La vraie patience, c'est la foi qui laisse à Dieu le temps d'agir. La patience révèle notre foi en l'heure de Dieu. Dieu vous a-t-Il fait une promesse ? Eh bien, attendez patiemment et avec la foi et vous verrez son accomplissement !

Le lait du chrétien

Questions sur la leçon

1. Quel est le sujet de la leçon d'aujourd'hui ?
2. En combien de points la leçon a-t-elle été divisée ? Citez-les ?
3. Dans quel passage se trouve le verset à mémoriser ? Récitez-le par cœur ?
4. Citez les deux mots utilisés pour la patience dans cette leçon ?
5. Citez deux exemples de patience mentionnés dans la leçon ?

Le lait du chrétien

LEÇON 8

Sujet : La bonté

Textes bibliques de base : Psaume 89 :2 à 3 ; Romains 11 :22

Verset à mémoriser : Psaume 36 :6

Objectif de la leçon : Aider les élèves à comprendre la notion de la bonté de Dieu en vue d'être inspirés à manifester cette bonté aux autres. La bonté est l'attitude bienveillante de Dieu qui accorde aux hommes Ses faveurs et toutes sortes de bénédictions.

Introduction de la leçon : La bonté est la qualité morale qui porte à faire le bien, à être bon pour les autres. Elle est la qualité de celui qui fait preuve de bienveillance active envers autrui, une activité efficace susceptible de rendre réellement autrui heureux. La bonté est l'opposée de la méchanceté et de la dureté de cœur. Ce fruit de l'Esprit dispose notre cœur à faire le bien, plus encore à faire du bien aux autres. La bonté rend notre cœur généreux, soucieux du bonheur des autres, nous rend utile aux autres, serviable et disponible pour eux. La bonté de Dieu est présentée sous des aspects très variés à travers la Bible, plus particulièrement, dans les Psaumes. Voici les principales représentations de la bonté de Dieu : elle remplit la terre ; elle est aussi grande que l'immensité des cieux ; elle subsiste toujours ; le fidèle a confiance en elle ; le fidèle la considère comme le bien le plus précieux, car elle vaut mieux que la vie ; elle lui inspire un sentiment de complète sécurité, car elle est garantie par la fidélité de Dieu. Cette leçon sera enseignée en trois points : 1) La bonté en tant qualité humaine ; 2) La bonté en tant qu'attribut de Dieu ; 3) La bonté en tant que fruit de l'Esprit.

Le lait du chrétien

Développement de la leçon

I. *La bonté en tant que qualité humaine*. La bonté naturelle est la qualité morale qui porte à être doux, facile, indulgent, à faire du bien. Dans son sens humain, la bonté est considérée généralement comme une disposition native, une qualité naturelle. La bonté est synonyme de la bienveillance. C'est la disposition du cœur à faire du bien, aimer faire du bien. On peut associer la bienveillance à la bonté dont elle est la fille. Dans la Bible la bonté et la bienveillance sont souvent la traduction d'un même mot et l'on peut dire que la bienveillance est la bonté manifestée. Le fait d'être bon inspire des sentiments et des actes de bienveillance. Être bienveillant c'est aimer à faire du bien. Ceux qui possèdent cette qualité sont naturellement généreux. La signification du mot « *bienveillance* » dépasse l'idée de seulement « *faire le bien* », c'est beaucoup plus profond, c'est l'amour en action, la charité d'inspiration divine. Divers courants de recherche contemporaine conduisent à la conclusion qu'il existe chez l'être humain une prédisposition naturelle à la bonté. Celle-ci peut ensuite être développée ou inhibée en fonction de l'environnement social et des choix de l'individu.

La bonté est l'une des qualités humaines les plus attrayantes. C'est une qualité que Dieu nous demande de développer et dont Il est la source. « *On t'a fait connaître, homme, ce qui est bien et ce que l'Éternel demande de toi : c'est que tu mettes en pratique le droit, que tu aimes la bonté et que tu marches humblement avec ton Dieu* » (Michée 6 :8). Comme exemple de bonté humaine dans la Bible, on peut considérer, parmi d'autres, la bonté de Ruth envers Naomi, et celle de Boaz envers Ruth. Comme toutes les qualités humaines, la bonté prend sa source dans le caractère de Dieu et démontre que les hommes sont créés à Son image.

II. *La bonté en tant qu'attribut de Dieu*. Si elle est un attribut de Dieu, elle est aussi un don que Dieu fait à celui qui se livre à Lui. Dans la Bible, lorsqu'il est question de la « *bonté*

» de Dieu, il s'agit souvent de Sa gracieuse générosité à accorder abondamment aux êtres humains ce dont ils ont besoin et même bien davantage. Par exemple, nous lisons dans le Psaume 65 :10-11, « *Tu visites la terre et tu lui donnes l'abondance, tu la combles de richesses ; le ruisseau de Dieu est plein d'eau ; tu prépares le blé, quand tu la fertilises ainsi. En arrosant ses sillons, en aplanissant ses mottes, tu la détrempes par des pluies, tu bénis son germe* ». Il s'agit aussi de la généreuse miséricorde et de la patience divines qui donnent aux pécheurs plus de temps pour se repentir – « *Ou méprises-tu les richesses de sa bonté, de sa patience et de sa longanimité, ne reconnaissant pas que la bonté de Dieu te pousse à la repentance ?* » (cf. Romains 2 :4). Mais ce n'est pas tout. Et de loin ! En fait, la bonté est l'essence même de la nature divine, car Dieu est aussi juste et saint. Dans Éphésiens 5 :9, cette bonté va de pair avec Sa justice et la vérité.

Toute personne sur terre devrait être reconnaissante envers Dieu de Ses continuelles et merveilleuses bénédictions. Parlant de la bonté de Dieu, le Psaume 145 :7-9 déclare : « *Qu'on proclame le souvenir de ton immense bonté, Et qu'on célèbre ta justice! L'Éternel est miséricordieux et compatissant, Lent à la colère et plein de bonté. L'Éternel est bon envers tous, et ses compassions s'étendent sur toutes ses œuvres* ». Et Matthieu 5 :45 dit : « *Il fait lever son soleil sur les méchants et sur les bons, et il fait pleuvoir sur les justes et sur les injustes* ». Les personnes rebelles ne méritent certainement pas de telles bénédictions, mais la bienveillance de Dieu s'étend à tous. La bonté fait partie de la nature de Dieu, et Il ne peut pas contredire Sa nature. Le fait que Dieu soit bon signifie qu'Il n'a aucun mal en Lui, Ses intentions et Ses motivations sont toujours bonnes, Il fait toujours ce qui est juste et le résultat de Son plan est toujours bon. Alors que les maladies, les guerres, l'injustice font des ravages parmi les hommes, certains en arrivent à douter de la bonté de Dieu, en disant : « *Si Dieu est bon, pourquoi permet-Il ces choses ?* » Ils oublient que ce n'est pas Dieu qui fabrique les armes, ou pollue la terre. C'est le manque de bonté des hommes qui génère ces drames.

III. *La bonté en tant que fruit de l'Esprit.* Comme l'amour, dont elle émane et qu'elle exprime sous une forme humble et pratique, la bonté est un fruit surnaturel de l'Esprit. Là où se manifeste le fruit du Saint-Esprit, là se trouvera l'expression de la bonté, laquelle fera du bien à l'âme blessée. C'est avec raison qu'il est écrit : « *Ce qui fait le charme d'un homme (ou d'une femme), c'est sa bonté* » (Proverbe 19 :22). La bonté calme les craintes, les frayeurs, les angoisses, elle apaise les tensions, et ainsi contribue à guérir les blessures de l'âme. Parfois, nos frustrations, nos impatiences, nos lassitudes, altèrent notre capacité à manifester un peu de bonté à l'égard des autres, et finalement cela aggrave notre souffrance intérieure. Nous avons besoin de nous ressourcer à la fontaine de la bonté qui est en Dieu : « *L'Éternel, l'Éternel, Dieu miséricordieux et compatissant, lent à la colère, riche en bonté et en fidélité* » (Exode 34 :6). L'un des motifs de louange, le plus fréquent dans les Psaumes, est la bonté de Dieu.

Dans la conscience de la grande bonté de Dieu envers lui, David a eu à cœur d'en manifester quelques reflets. Établi sur son trône, après les années éprouvantes où il avait été traqué par Saül, le voici qui demande : « Reste-t-il encore quelqu'un de la maison de Saül, pour que je lui fasse du bien à cause de Jonathan ? – pour que j'use envers lui de la bonté de Dieu » (2 Samuel 9 :1, 3). Combien est remarquable cette expression : pour que j'use envers lui d'une bonté de Dieu ! Une bonté à l'image de la bonté de Dieu envers moi. Pour ceux qui suivent Jésus, la bonté est un fruit du Saint-Esprit, produit dans le cœur du croyant par le Seigneur Lui-même. Bien plus, Dieu a aussi donné la capacité d'être bon à tous les humains qu'Il a créés à Son image. Il s'agit d'une bonté qui est le reflet de la Sienne. Il a déposé dans notre cœur le désir de la rechercher et d'en faire l'expérience.

En conclusion, nous venons d'étudier dans cette leçon, une autre grappe du fruit de l'Esprit qui est la bonté. La bonté de Dieu – infinie et éternelle – se manifeste sous différents aspects pour nous faire du bien. Le Psaume 63 :4, déclare : «

La bonté de Dieu vaut mieux que la vie ». Il est vrai que la faveur de Dieu est meilleure que toute autre chose. La bonté du Seigneur est le plus grand bonheur et le plus grand avantage d'un chrétien.

Questions sur la leçon

1. Quel est le sujet de la leçon d'aujourd'hui ?

2. En combien de points la leçon a-t-elle été divisée ? Citez-les ?

3. Dans quel passage se trouve le verset à mémoriser ? Récitez-le par cœur ?

4. Citez 2 personnages nommés dans la leçon comme exemple de bonté humaine ?

5. D'après la leçon, citez un mot qui est lié avec le mot « bonté » ?

Le lait du chrétien

LEÇON 9

Sujet : La bienveillance

Textes bibliques de base : 1 Rois 3 :6 ; Éphésiens 1 :9 ; Proverbe 22 :9

Verset à mémoriser : Actes 27 :3

Objectif de la leçon : Aider les élèves à comprendre la notion de la bienveillance divine. Il est assez souvent question de cette vertu éminemment sociable, par où l'on manifeste ses dispositions favorables au prochain. La bienveillance est aussi attribuée à Dieu envers Ses fidèles. La bienveillance de Dieu est immense et d'une richesse inépuisable.

Introduction de la leçon : Comme nous l'avons vue dans la leçon précédente, la bienveillance est la disposition du cœur à faire du bien, aimer faire du bien. On peut associer la bienveillance à la bonté dont elle est la fille. Dans la Bible la bonté et la bienveillance sont souvent la traduction d'un même mot et l'on peut dire que la bienveillance est la bonté manifestée. Dieu est bienveillant ! Cette merveilleuse perfection de Dieu réjouit notre âme et réchauffe notre cœur. La bonté et la bienveillance de Dieu sont deux attributs qui se ressemblent beaucoup. La bonté et la bienveillance sont des grappes de fruit si étroitement liées qu'il est parfois difficile de les distinguer l'une de l'autre. Il convient cependant de faire une distinction entre les deux termes. Rappelons-nous par exemple que le fruit de l'Esprit contient neuf parties, dont la bonté et la bienveillance, qui sont distinctes (Galates 5 :22). La bienveillance de Dieu est une manifestation particulière de Sa bonté, tout comme Sa compassion, Sa patience et Sa grâce sont des manifestations particulières de Sa bonté. Le fait d'être bon inspire des sentiments et des actes de bienveillance. Être bienveillant c'est aimer à faire du bien. Cette leçon sera enseignée en trois points : 1) Les origines (hébraïque et grecque) du mot « *bienveillance* » ; 2) Les différents aspects de la bienveillance divine ; 3) La bienveillance en tant que fruit de l'Esprit.

Développement de la leçon

I. *Les origines (hébraïque et grecque) du mot « bienveillance »*. Il y a d'abord le mot hébreu « *hessed* » transcrit parfois par « *chesed* ». Dans son sens positif, le mot est utilisé pour parler de *bonté* ou d'*amour* entre les personnes, de *piété* des personnes envers Dieu ainsi que d'*amour* ou de *miséricorde* de Dieu pour l'humanité. Il est fréquemment utilisé dans le Livre des Psaumes dans ce dernier sens, où il est traduit traditionnellement par « *miséricorde* ». Traduit par « *bienveillance* » est difficile à faire avec précision, tellement sa signification est riche. Il est souvent employé de manière technique dans le contexte de l'alliance. Il signifie la loyauté et la fidélité à l'égard d'une personne envers qui l'on s'est formellement engagé. Il signifie également la bienveillance, la tendresse et la grâce manifestées envers cette personne. Il n'existe pas de mot en français qui contient tous ces sens à la fois. La bienveillance divine est aussi présentée sous des aspects particuliers quand elle est désignée par l'un ou l'autre des deux termes grecs apparentés : εὐδοχία - *eudokia*, limité aux écrits juifs ou chrétiens, ayant pour définition : 1. Volonté, choix (bonne volonté, bienveillante intention, bienveillance, bonne grâce). 2. Délices, plaisir, satisfaction, bon plaisir. 3. Désir, vœu, souhait. Et le verbe *eudokeïn,* connu des auteurs profanes dans le sens de : juger bon. Dans les versions françaises, leurs traductions peuvent être rattachées, en gros, soit au bon plaisir de Dieu, soit à *l'agrément* de Dieu, soit à Sa *bienveillance*.

II. *Les différents aspects de la bienveillance divine*. Les définitions de la bienveillance représentent généralement la volonté de Dieu, non seulement comme procédant de Ses jugements justes *(eudokeïn),* mais aussi comme manifestant les intentions favorables de Sa grâce envers Ses créatures qui en remplissent les conditions. Ainsi, ce qui « *a plu* » à Dieu, c'est la réconciliation du monde avec Lui, par le Christ (Colossiens 1 :19). Sa révélation à Saul de Tarse (Galates 1 :15) et suivant), le salut des croyants par la prédication de la croix, le don du Royaume au petit troupeau (Luc 12 :32) ; Dieu a « *trouvé bon* », ou « *décidé dans Sa bienveillance* », de révéler l'Évangile aux petits ; le chant des anges de Noël célèbre Sa « *bienveillance envers les hommes* » (Luc 2 :14), et ce sens général demeure même avec la leçon des meilleurs manuscrits : « *parmi les hommes qu'il agrée* » ; « *selon le bon plaisir de Sa volonté* », « *le dessein de Sa bienveillance* », c'est de faire de nous Ses enfants d'adoption, par Jésus-Christ, et de nous faire connaître les mystères de Sa volonté. De même dans Philippiens 2 :13 : Dieu produit en vous volonté et action « *pour l'accomplissement de Ses desseins* », Sans doute, on pourrait relever chez les Hébreux et les Juifs la notion du bon plaisir absolu du Créateur envers Sa créature, comme dans cette image : « *le bon plaisir du potier* », maître de son argile ; mais l'*eudokia* du Dieu de Jésus-Christ n'est nullement fantaisie, arbitraire qui agit selon Son caprice : c'est la volonté du Père céleste qui par amour rend possible le salut de Ses enfants, ce qui doit leur inspirer la crainte de l'humilité. Une idée analogue se retrouve sans doute dans 2 Thess. 1 :11 : « *les desseins bienveillants de Sa bonté* » ; mais on peut lire aussi « désir de bien faire » ou « accomplissement joyeux du bien », ce qui attribue l'*eudokia* non plus à Dieu mais à Ses fidèles. L'apôtre Paul désigne ailleurs par le même mot son « *souhait* » de donner sa vie pour ceux qu'il aime, son grand « *désir* » personnel qu'Israël soit sauvé (Romains 10 :1), les « *dispositions bienveillantes* » de certains prédicateurs chrétiens, et celles des frères qui ont « bien voulu » faire une collecte en faveur des saints (1 Corinthiens 16 :1).

III. *La bienveillance en tant que fruit de l'Esprit*. Le caractère chrétien se développe au fur et à mesure que le Saint-Esprit en produit les fruits dans la vie du croyant. Le fruit de l'Esprit, tel qu'il est décrit dans Galates 5 :22, est le résultat de la présence du Saint-Esprit dans nos vies. Malgré que nous constatons çà et là des sentiments et des actes de bienveillance,

Le lait du chrétien

nous sommes obligés de reconnaître que nos limites dans ce domaine sont vite atteintes. Nous avons besoin comme pour toutes les vertus révélées en Dieu, de l'aide du Saint-Esprit qui peut faire naître et croître en nous les sentiments de Dieu et de Christ.

Avant de se traduire par des paroles ou par des œuvres, la bienveillance doit premièrement naître dans notre cœur et c'est là que l'Esprit de Dieu intervient. La bienveillance, au même titre que l'amour de Dieu, sera le fruit de la nature nouvelle que Dieu fait naître en nous lorsque nous croyons au Seigneur Jésus-Christ et que nous le recevons comme notre Sauveur et Seigneur. C'est le Saint-Esprit qui nous donnera alors le désir et le pouvoir d'être bienveillant de la bienveillance de Dieu. Philippiens 2 :13 dit que Dieu travaille en vous et Il vous rend capables de vouloir et de faire les actions qui Lui plaisent. Comme pour toute notre croissance spirituelle nous avons besoin que l'Esprit de Dieu œuvre en nos cœurs pour acquérir cette bienveillance divine. Un seul acte de bienveillance peut faire beaucoup pour rassurer ou réconforter quelqu'un. Et savoir qu'on se soucie de nous nous rend très heureux.

En conclusion, nous venons d'étudier dans cette leçon une autre grappe du fruit de l'Esprit qui est la bienveillance. Que ce fruit qui est présent dans la vie de chacun de vous soit à l'œuvre pour que les autres puissent en bénéficier ! Que le Saint-Esprit nous donne le désir et le pouvoir d'être bienveillant à la manière de notre Dieu, en faisant du bien à autrui ! Il est bienveillant, Il prend plaisir à faire du bien. Voici ce qu'Il dit par Jérémie le prophète : « *Je prendrai plaisir à leur faire du bien, et je les planterai véritablement dans ce pays, de tout mon cœur et de toute mon âme* » (Jérémie 32 :41).

Le lait du chrétien

Questions sur la leçon

1. Quel est le sujet de la leçon d'aujourd'hui ?
2. En combien de points la leçon a-t-elle divisée ? Citez-les ?
3. Dans quel passage se trouve le verset à mémoriser ? Récitez-le par cœur ?
4. Citez le mot grec traduit par « bienveillance » ?
5. Donnez une courte définition du mot « bienveillance » ?

Le lait du chrétien

LEÇON 10

Sujet : La foi

Texte biblique de base : Hébreux chapitre 11

Verset à mémoriser : Hébreux 11 :6

Objectif de la leçon : Présenter une description de la foi, et démontrer du même cours l'importance d'avoir la foi en Dieu si l'on veut Lui être agréable. Car, la foi est la clef maitresse pour ouvrir les portes des trésors du ciel.

Introduction de la leçon : Le mot «*foi*» vient du mot grec «*pistis*». Il n'a pas toujours la même signification à travers toute la Bible. La foi c'est croire, c'est placer une confiance absolue en Jésus-Christ, le Fils de Dieu. Par la foi, le croyant s'en remet à Dieu, Le reconnaissant comme fidèle et puissant pour tenir Ses promesses. La foi c'est la base de notre relation avec Dieu. Nous croyons en Dieu par la foi car nous ne L'avons jamais vu. La foi est la confiance en la fidélité de Dieu, ayant la conviction que ce qu'Il promet s'accomplira. La foi s'appuie sur des révélations et sur des promesses de Dieu pour son fondement. Elle n'est pas un saut dans le vide ou dans l'inconnu. Elle exige la preuve la plus sûre de l'univers, et la trouve dans la Parole de Dieu. Elle ne se limite pas à des possibilités, mais pénètre le royaume de l'impossible. Quelqu'un affirma à juste titre : « *La foi commence là où s'arrête le possible. Parce que si c'est possible, Dieu n'en tire aucune gloire* ». La foi puissante regarde la promesse, et s'appuie sur Dieu seul, elle se moque des impossibilités, et s'écrie : « *Ce sera fait !* ». Cette leçon sera enseignée en trois points : 1) La nature et les effets de la foi ; 2) La foi anticipe les choses à venir ; 3) Le télescope de la foi.

Développement de la leçon

I. *La nature et les effets de la foi*. Hébreux chapitre 11 est étroitement lié aux derniers versets du précédent chapitre, spécifiquement les versets 35-39. La crainte de déplaire à Dieu constitue une raison que l'auteur encourage ses lecteurs à tenir ferme dans la foi. En citant le prophète Habacuc, il montre que la vie qui plaît à Dieu est une vie de foi. Cette vie accorde de la valeur aux promesses de Dieu, voit l'invisible et persévère jusqu'à la fin. Dans ce chapitre, l'auteur essaie de présenter la foi, dans sa nature et ses effets. La nature et le pouvoir de la foi sont décrits. Tout cela est exposé par des exemples depuis Abel jusqu'à Noé. Par Abraham et ses descendants. Par Jacob, Joseph, Moïse, les Israélites, et Rahab. Par d'autres croyants de l'Ancien Testament. Hébreux chapitre 11 n'est pas une définition classique mais il nous montre quelque chose de ce que fait la foi. L'auteur vient de citer dans le précédent chapitre la parole du prophète Habacuc : « *Le juste vivra par la foi* ». Au milieu des dangers et des jugements, le serviteur juste de Dieu vivra, et le fondement de sa vie est sa foi inébranlable – s'il recule, la destruction le rattrapera. Notre principe d'action n'est pas de reculer, mais d'avoir la foi. Là où le principe est planté par la régénération de l'Esprit de Dieu, la vérité est reçue en ce qui concerne la justification par les souffrances et les mérites de Christ. Et les mêmes choses qui sont l'objet de notre espérance sont l'objet de notre foi. L'auteur de l'épître aux Hébreux a ensuite ajouté au verset 39 : « *Pour nous, nous ne sommes point de ceux qui se retirent pour se perdre, mais de ceux qui ont la foi pour sauver leur âme* ». Pénétré de la puissance de la foi, il éprouve le besoin de montrer cette puissance à ses lecteurs par des exemples empruntés à l'histoire de leur peuple. Comme on dit : Rien n'est plus persuasif que les faits.

II. *La foi anticipe les choses à venir*. La foi s'applique essentiellement à deux genres de réalités, les choses à venir et les choses qu'on ne voit pas. Elle est pareillement convaincue de l'accomplissement proche des unes, et de la réalité actuelle des autres. La foi rend réelles les choses qu'on espère comme si on les possédait déjà, et elle produit une démonstration évidente de la réalité des bénédictions spirituelles et invisibles du christianisme. En d'autres termes, elle rend présentes les choses futures et visibles les choses invisible. Cette déclaration est appuyée dans ce chapitre par des exemples qui, partant des premiers hommes, traversent toute la période de l'Ancien Testament pour aboutir à Christ, le Chef et le consommateur de la foi. C'est donc par la foi que les anciens ont reçu témoignage – témoignage qu'ils étaient agréables à Dieu. Les croyants Hébreux avaient une peine extrême à se détacher des choses visibles et qui se rapportaient à une religion selon la chair, et à aller en avant comme étrangers et voyageurs sur la terre, ayant les regards de la foi arrêtés sur les choses célestes, qui étaient invisibles pour le moment, et fixés sur la Personne de Christ dans la gloire, le grand objet de la foi et de l'espérance. C'est pourquoi l'auteur de l'épître leur montre, dans ce chapitre, que cette vie de foi à laquelle ils avaient été appelés et la marche qui la manifeste, n'étaient pas du tout une chose nouvelle, mais qu'elles avaient été la vie et la marche de tous les justes depuis le commencement. Car la foi a toujours été la marque des serviteurs de Dieu, depuis le commencement du monde. Il procède maintenant à l'illustration et à l'amélioration de cette parole, en apportant à la vue de ces Hébreux des exemples tirés de leurs propres Écritures de personnes qui, par une foi forte en Dieu et en Ses promesses, ont résisté aux plus grandes tentations, ont subi les persécutions les plus lourdes, ont été préservées dans des dangers imminents, ont accompli les actes d'obéissance les plus difficiles et ont finalement obtenu une récompense distinguée.

III. *Le télescope de la foi.* La foi est le seul principe qui produit des résultats réels pour Dieu à toutes les époques. La foi prouve à l'esprit la réalité des choses qui ne peuvent être vues par l'œil corporel. C'est une approbation entière que tout ce que Dieu a révélé est saint, juste, et bon. Cette vue de la foi est expliquée par de nombreux exemples de personnes des époques antérieures, qui ont obtenu une bonne appréciation, ou un honorable commentaire dans la Parole de Dieu. La foi était le principe de leur obéissance sainte, de leurs services remarquables, et de leurs souffrances dans la patience.

Hébreux 11 :1 nous donne une déclaration de la force de la foi et de son action ; c'est la description de ce qui fait la puissance et la motivation de son action. La foi réalise ce qu'on espère ; elle donne à ces choses espérées une existence réelle, et elle est pour l'âme une démonstration de ce qu'on ne voit pas. La foi rend présent l'avenir et visible l'invisible. La foi est une vue de ce qui est caché ; elle nous donne sur l'invisible la même certitude que nous avons pour les choses qui sont sous nos yeux. Ce dont la réalité ne paraît point encore, la foi nous en donne la substance. C'est la force du croyant. Elle est comme un télescope qui rapproche les vérités spirituelles, et montre qu'elles ont une existence réelle. Deux parmi les caractéristiques importantes de la foi sont :

- L'assurance ou la garantie de la réalité des choses qu'on espère, en regardant en avant, vers le but. Cette espérance donne la force et la patience pour surmonter les difficultés actuelles.

- La conviction de ce qu'on ne voit pas, en regardant en haut, vers Dieu et Christ, des êtres invisibles. Cette conviction de l'invisible donne l'énergie pour affronter les difficultés de ce monde.

La foi n'est pas seulement un point de départ dans la marche du croyant avec Dieu, elle est aussi le mobile et la force du chrétien. Elle est donc une énergie intérieure qui nous fait avancer. La foi n'est donc pas simplement croire que Dieu existe, c'est un lien permanent avec Lui. Elle englobe enfin toute la vérité chrétienne. La vie de foi comporte, cependant, des difficultés et des problèmes. Parfois Dieu teste notre foi dans le creuset de l'épreuve, comme l'apôtre Pierre le dit, (1 Pierre 1 :7) pour voir si elle est réelle, pour vérifier sa solidité. George Müller a dit : « *Les difficultés sont la nourriture de la foi* ».

En conclusion, nous venons d'étudier une autre grappe du fruit de l'Esprit qui est la foi. Nous sommes encouragés à garder la foi en Jésus-Christ en dépit des épreuves jusqu'à Son apparition. Comme Pierre déclare dans 1 Pierre 1 :8-9 : « *Lui que vous aimez sans l'avoir vu, en qui vous croyez sans le voir encore, vous réjouissant d'une joie ineffable et glorieuse, parce que vous obtiendrez le salut de vos âmes pour prix de votre foi ».*

Questions sur la leçon

1. Quel est le sujet de la leçon d'aujourd'hui ?

2. En combien de point la leçon a-t-elle été divisée ? Citez-les ?

3. Dans quel passage se trouve le verset à mémoriser ? Récitez-le par cœur ?

4. Quel est le mot grec traduit par « foi » ?

5. Lorsqu'une chose est selon notre capacité, la foi agit mieux. Vrai ou faux ?

Le lait du chrétien

LEÇON 11

Sujet : La foi (suite)

Texte biblique de base : Marc 2 :1 à 5

Verset à mémoriser : Romains 1 :17

Objectif de la leçon : Aider les élèves à comprendre que la foi est la clef spirituelle qui ouvre la porte à tous les trésors du ciel. Dieu a donné à chacun une mesure de foi pour vivre mieux la vie d'ici-bas. La foi est donc un élément indispensable de la vie chrétienne. Car sans une foi agissante, nul ne peut plaire à Dieu.

Introduction de la leçon : La foi est une déclaration de confiance, qui croit que même si les circonstances troublantes que nous pouvons nous trouver semblent démentir la bonté de Dieu, nous pouvons toujours Lui faire confiance. La foi est aux yeux de Dieu l'unique condition d'un succès valable et d'une endurance nourrie d'espoir. On distingue plusieurs sortes de foi :

- La foi naturelle qui se définit comme croyance, confiance. Elle désigne le fait d'avoir confiance en quelque chose ou quelqu'un.

- La foi qui sauve, qui est l'acceptation du salut en Jésus-Christ que Dieu a préparé et institué pour l'humanité.

- La foi qui transporte les montagnes, qui est une manifestation circonstancielle où Dieu nous donne d'exercer le pouvoir de la foi pour obtenir quoi que nous Lui demandions.

- La foi qui ose, est une foi qui amène un changement radical et une réponse divine là où l'homme est limité.

- La foi audacieuse est la foi qui relève les défis et qui triomphe dans les grandes difficultés.

Le lait du chrétien

Cette leçon sera enseignée en deux points : 1) La violence de la foi ; 2) La récompense de la foi.

Développement de la leçon

I. *La violence de la foi.* Capernaüm se trouvait sur la rive Nord-Ouest de la mer de Galilée. C'était le centre commercial et social de la région à l'époque où Jésus-Christ exerça Son ministère terrestre. C'était là que Jésus vint séjourner, après avoir quitté Nazareth, sur la grande route reliant la Syrie à la Palestine. Jésus, à peine retourné à Capernaüm et une grande foule était assemblée devant la porte de la maison où Il se trouvait. D'après Marc 1 :29, on peut penser qu'il s'agit de la maison de Simon et d'André. On y lit : « *Après avoir prêché dans les environs pendant quelques jours, Jésus revint dans la maison de Pierre et d'André* » (Marc 1 :29). Convaincus de Sa puissance et de Sa bonté, quatre hommes amenèrent à Jésus un paralytique. Sa renommée s'était répandue comme une trainée de poudre, et les habitants de la région étaient curieux de voir le faiseur de miracle en action. Partout où Dieu intervient avec puissance, les gens sont attirés. Mais au fur et à mesure que les échos du ministère de Jésus se répandaient, l'hostilité des pharisiens et des docteurs de la loi croissait.

Le Seigneur annonça fidèlement la Parole à tous ceux qui se trouvèrent devant la porte, mais derrière la maison se trouvait un paralytique, porté par quatre hommes sur un brancard. À cause de la foule, ils ne pouvaient pas s'approcher du Seigneur Jésus. Généralement, quand on veut amener quelqu'un à Jésus, il y a souvent des obstacles qui se dressent sur le chemin, on se rappelle l'aveugle Bartimée. Mais la foi est ingénieuse (pleine d'esprit d'invention et habile). Ils ne sont pas arrêtés par aucun obstacle : ils ne peuvent pas entrer par la porte, ils entreront par le toit. Comme beaucoup de maisons palestiniennes, cette maison avait vraisemblablement un escalier extérieur conduisant au toit plat. Les quatre porteurs, avec une ardeur digne d'éloges, résolus à vaincre les obstacles, montèrent sur le toit par l'escalier extérieur de la maison, découvrirent une partie du toit et firent descendre le paralytique dans son lit de fortune devant Jésus. Maintenant, le toit s'ouvre. La barrière de la foule ne peut plus empêcher le faible d'être descendu auprès de Jésus. Quelqu'un a donné des surnoms aux quatre amis du malade : Sympathie, Entraide, Ingéniosité et Persévérance. Cette action audacieuse, brave et vaillante pour briser le toit et laisser toute la poussière tomber à propos de la tête du Sauveur, sans craindre de Le provoquer, mais de faire confiance à Sa douceur, Sa bonté et à Sa patience, a montré leur confiance qu'ils n'avaient qu'à avoir l'homme où Christ pouvait le voir.

II. *La récompense de la foi.*: Marc 2 :5 déclare : « Jésus, voyant leur foi, dit au paralytique : Mon enfant, tes péchés sont pardonnés ». Pas seulement la foi du malade mais aussi celle de ses quatre amis. Jamais on ne fait appel à la bonté de Jésus en vain ; la foi trouve toujours en Lui une pleine réponse aux besoins créés par le péché. Il faut simplement, à l'exemple de ceux qui apportaient ce malade à Jésus, avoir conscience de ses propres besoins et croire à la puissance et à la bonté de Celui qui a quitté la gloire pour délivrer Ses créatures des conséquences du péché. La foi triomphante de ces gens a triomphé des obstacles. Ils savaient pertinemment que s'ils arrivaient à déposer leur ami devant le Seigneur Jésus, Il le guérirait certainement. Il y a des gens dans la vie qui aspirent à devenir avocats, médecins, ingénieurs, mais dont la volonté est si faible, si vacillante, qu'ils sont vaincus à la première difficulté. Tandis que d'autres ont choisi leur vocation avec une telle ardeur que rien n'a pu ébranler leur décision, tant elle était ancrée dans leur mentalité, dans leur conviction. Celui qui a une foi absolue en son habileté pour mener à bien ce qu'il entreprend est le plus sûr de réussir, même si sa confiance semble aux autres audacieuse, sinon insensée.

Le Seigneur fut sensible à une telle foi, capable de déplacer les obstacles pour attirer Son attention sur une personne en détresse (cf. Matthieu 15 :26-28, parle de la foi de la femme cananéenne). La détresse de certaines personnes est parfois telle que la foi et la sympathie de leurs amis croyants sont indispensables pour les amener à Christ. Le paralytique ne pouvait rien faire par lui-même, aussi était-il « *porté par quatre personnes* ». Avec une foi qui ne s'arrêtait pas devant les difficultés, mais persévérait malgré elles — une persévérance de la foi qui est alimentée par le sentiment du besoin et par la certitude que la puissance se trouve en Celui qu'on cherche à rencontrer. Le Seigneur reconnaît leur foi et, comme dans chacune de Ses voies envers nous, Il voit au-delà du simple besoin extérieur qui peut nous avoir amené à Lui, et s'occupe d'abord de la racine du mal. Au-delà de la paralysie, comme au-delà de toute maladie, il y a la question du péché qui a introduit la maladie et la mort dans le monde. Il se peut que l'homme et ceux qui l'avaient amené n'aient pas été des croyants convaincus quant aux péchés ; cependant ils avaient foi dans le Seigneur, et le Seigneur répond tout de suite à cette foi et commence à révéler les bénédictions qui sont la part de ceux qui croient ; ainsi Il peut dire : « *Tes péchés sont pardonnés* ».

En conclusion, nous venons de faire suite, dans cette leçon, à notre étude sur la foi. La foi véritable et solide travaille dans des domaines variés : seulement alors elle sera acceptée et approuvée par Jésus-Christ. Là où il y a de la foi, il y aura certes des difficultés à vaincre, mais la foi vainc toujours tous les obstacles. En guise de leçon que nous pouvons tirer de ce récit : Ne réduisons pas ce paralytique à son handicap, ni à un désir de guérison. Car lui aussi avait le droit d'écouter la Parole de Dieu et, entrer dans la foi. La mission des disciples n'est-elle pas justement d'amener vers Jésus ces personnes que les fragilités et les blessures laissent à la porte, à franchir audacieusement bien des barrières et des toits ?

Le lait du chrétien

Questions sur la leçon

1. Quel est le sujet de la leçon d'aujourd'hui ?
2. En combien de points la leçon a-t-elle été divisée. Citez-les ?
3. Dans quel passage se trouve le verset à mémoriser ? Récitez-le par cœur ?
4. On a donné des surnoms aux amis de l'homme handicapé, quels sont-ils ?
5. Citez un texte qui fait penser que Jésus était dans la maison de Pierre et d'André ?

Le lait du chrétien

LEÇON 12

Sujet : La douceur

Textes bibliques de base : 1 Timothée 6 :11 ; 1 Pierre 3 :15

Verset à mémoriser : Éphésiens 4 :2

Objectif de la leçon : Aider les élèves à comprendre ce que c'est que la douceur. Le mot hébreu traduit par « *doux* » décrit un serviteur – entièrement soumis – au Dieu d'Israël. La douceur décrit donc un acte de soumission volontaire à Dieu, sans restriction.

Introduction de la leçon : Le mot douceur vient du mot grec « *Praotes* ». C'est probablement l'attribut le plus difficile à définir étant donné qu'il a trait à une attitude intérieure plutôt qu'à une action extérieure. Les trois idées essentielles qui ressortent de la douceur comme fruit de l'Esprit sont celles-ci : 1. La soumission à la volonté de Dieu. Jésus se décrit comme ayant de la douceur et de l'humilité. Ce sont là deux caractéristiques de celui qui se soumet totalement à la volonté de Dieu. 2. L'aptitude à apprendre. C'est la volonté d'être prêt à apprendre, de ne pas être trop orgueilleux afin de se laisser enseigner. 3. Avoir la prévenance. Prévenance utilisée dans le sens de faire preuve de prévenance, de modération, de calme, d'attention, d'avoir des égards ou de supporter les autres à cause de l'amour. Cette leçon sera enseignée en trois points : 1) La définition du mot « *douceur* » ; 2) Ce que la douceur n'est pas ; 3) Les caractéristiques de la douceur.

Développement de la leçon

I. **La définition du mot « douceur »**. La douceur, du grec « Praotes », signifie : « gentillesse d'esprit, amabilité ». Jacques écrit dans son épître : « Y a-t-il parmi vous quelque homme sage et intelligent ? Qu'il montre ses œuvres par une bonne conduite avec douceur et sagesse » (Jacques 3 :13). La douceur définit une relation avec Dieu le Père et avec Jésus-

Christ, dans laquelle nous cherchons la volonté divine et nous y obéissons. Dans une telle relation, nous comptons sur Dieu plutôt que sur nos propres instincts et nos idées. Cela témoigne de notre relation avec Dieu au sein de la nouvelle alliance. La douceur dont les Écritures font l'éloge n'est pas simplement un trait de personnalité ; c'est un fruit du Saint-Esprit qui ne peut se manifester que par cet Esprit qui réside en nous (Galates 5 :22-26).

Au final, la douceur définit la façon dont nous cherchons à faire la volonté de notre Père céleste dans notre vie. Cela nous permet de comprendre pourquoi ceux qui sont doux hériteront la Terre. Le Père ne confiera plus jamais le gouvernement de cette Terre, ou de Sa création, à un être qui ne s'engagera pas clairement à rechercher et à faire Sa volonté en toutes choses. Dans le monde qui nous entoure, nous sommes témoins d'un manque significatif de douceur – y compris sur le plan physique. Les gens cherchent leur propre volonté plutôt que celle du Père. Chacun se sent habilité à exprimer ses opinions personnelles. Même parmi ceux qui affirment entretenir une relation avec Dieu, il y en a qui succombent à la tentation de manifester leurs opinions, parfois d'une façon agressive et hostile, en créant des disputes et des divisions plutôt qu'en apportant la justice et la paix. Parmi de tels individus, certains s'imaginent que Dieu travaille avec eux et leur révèle des choses, mais les fruits dans leur vie démentent clairement cette affirmation.

II. *Ce que la douceur n'est pas*. La douceur a une signification très différente. En tâtonnant pour trouver une définition appropriée du mot « *douceur* », beaucoup lui ont accordé une connotation négative. Mais la douceur n'est pas de la « *faiblesse* ». Cette négation ne transmet pas par la vision complète que Jésus-Christ souhaitait nous faire comprendre lorsqu'Il donna cette béatitude. La douceur est le contraire même de la dureté. C'est être modéré, apaisant, paisible et soumis sans, pour autant, faire preuve de faiblesse ou d'infériorité. Il n'y a rien de lâche dans la douceur dans la Bible elle est, au contraire, liée au courage, à la force d'âme et à la fermeté. Moïse était un homme très doux, mais il était également capable d'aller de l'avant et d'agir dans les moments de difficultés. La douceur et la fermeté vont de pair. Comme on dit en France : Il faut « *avoir des mains de fer dans des gants de velours* ». Paul lui-même était comme une mère tendre et attentionnée pour ses enfants, leur apportant la nourriture (voir 1 Thess. 2 :7). Mais lorsque les Corinthiens défièrent son autorité spirituelle en tant qu'apôtre de Jésus-Christ, il leur demanda : « *Que voulez-vous ? Que j'aille chez vous avec une verge, ou avec amour et dans un esprit de douceur ?* » (1 Corinthiens 4 :21). Comme un homme portant le fruit de l'Esprit, il combinait à la fois la fermeté et la douceur. Voici quelques points pour mieux utiliser cette force. Contrairement à ce que l'on peut penser, la douceur est une force, à utiliser sans modération dans nos relations humaines et particulièrement dans nos unités.

III. *Les caractéristiques de la douceur.* La douceur devrait être une caractéristique et une marque essentielle des chrétiens, des disciples de Jésus, parce que chaque chrétien est né de l'Esprit et que Celui-ci habite en eux. Notre Dieu est un Dieu doux. Pourquoi alors le Psalmiste dit-il que Dieu est un Dieu juste qui exprime Sa colère chaque jour ? La colère de Dieu ne concerne que le péché et le mal, et elle n'affecte pas Son amour et Sa compassion envers nous. C'est cela la douceur divine. La colère humaine, elle, prend souvent sa source dans le péché. C'est pourquoi la Parole nous met en garde dans Éphésiens 4 :26, « *Si vous vous mettez en colère, ne péchez pas* ». Mais en même temps, elle déclare : « *Ayez le mal en horreur* ». Dieu est notre exemple de douceur parfaite associée à la fermeté. La douceur n'est pas une question de personnalité. Elle exprime plutôt une conversion et un engagement à un autre mode de vie. Comme Jésus l'a enseigné : « *Ceux qui me disent : Seigneur, Seigneur ! n'entreront pas tous dans le royaume des cieux, mais seulement celui qui fait la volonté de mon Père qui est dans les cieux* » (Matthieu 7 :21).

En évoquant la « *douceur* », nous avons souvent tendance à penser à la personnalité : quelqu'un qui est assez conciliant, qui ne fait pas d'histoires, qui fait ce qu'on lui demande. Les lexiques et autres outils linguistiques définissent souvent le concept de la douceur comme étant de la tendresse, de l'humilité et de la soumission. En réalité, ces qualités sont associées à la douceur, mais elles ne définissent pas ce mot. Les Écritures du Nouveau Testament montrent aisément cette relation. Prenez une concordance et une Bible, puis examinez les termes « *doux* » ou « *douceur* ». Vous verrez que la plupart des traductions récentes n'utilisent plus ces termes. Elles ont tendance à utiliser « *humilité* » ou « *tendresse* ». Le concept de la douceur s'est perdu avec le temps car beaucoup d'érudits ont du mal à le comprendre. Qu'en est-il de nous ? Cette compréhension est très importante car sans la douceur, nous n'hériterons pas la Terre. Paul déclare dans Philippiens 4:5 « *Que votre douceur soit connue de tous les hommes* ».

En conclusion, nous venons d'étudier dans cette leçon une autre grappe du fruit de l'Esprit qui est la douceur. Elle est une vertu qui nous permet d'être patient, bienveillant et conciliant avec les autres. L'apôtre Paul déclare : « *Or il ne faut pas que le serviteur du Seigneur ait des querelles ; il doit, au contraire être affable pour tous, propre à enseigner, doué de patience ; il doit redresser avec douceur les adversaires, dans l'espérance que Dieu leur donnera la repentance pour arriver à la connaissance de la vérité* » (2 Timothée 2:24-25).

Questions sur la leçon

1. Quel est le sujet de la leçon d'aujourd'hui ?

2. En combien de points la leçon a-t-elle été divisée ? Citez-les ?

3. Dans quel passage se trouve le verset à mémoriser ? Récitez-le par cœur ?

4. D'après la leçon d'aujourd'hui, douceur veut dire : faiblesse. Vrai ou faux ?

5. Citez trois idées essentielles qui ressortent de la douceur – fruit de l'Esprit ?

Le lait du chrétien

LEÇON 13

Sujet : La maîtrise de soi

Texte biblique de base : 2 Pierre 1 :5 à 6

Verset à mémoriser : Proverbe 16 :32

Objectif de la leçon : Aider les élèves à comprendre ce que c'est que la maîtrise de soi. Se maîtriser c'est garder le contrôle de soi, se dominer. La maîtrise de soi est la capacité de réguler ses émotions, ses pensées et son comportement face aux tentations et aux impulsions.

Introduction de la leçon : La maîtrise de soi est synonyme du mot « *tempérance* ». Est-ce pourquoi certaines versions bibliques mentionnent maîtrise de soi et d'autres, tempérance. Le mot « *tempérance* » provient de deux mots grecs :

- « Egkrateia » ἐγκράτεια, qui signifie : « contrôle de soi, vertu de ceux qui sont maîtres de leurs désirs et de leurs passions, en particulier des appétits des 5 sens (le toucher, la vue, l'ouïe, l'odorat, le goût) »

- « Egkrates » ἐγκρατής , qui signifie : « fort, robuste, ayant du pouvoir sur, maîtrise, contrôle, être bridé, se contenir ».

La maîtrise de soi est une qualité qui se développe avec le temps. Nous aimerions que davantage de passages dans la Bible nous parlent de la manière dont nous pouvons maîtriser les circonstances. À la place, il y en a beaucoup plus sur la manière de nous maîtriser *nous-mêmes*. (Proverbe 25 :28 ; Proverbe 29 :11 ; Tite 2 :11-12). Cette leçon sera présentée en trois points : 1) Les enseignements de la Bible sur la maîtrise de soi ; 2) Les différents domaines où la maîtrise de soi est souvent utilisée ; 3) Le pouvoir du Saint-Esprit dans la maîtrise de soi.

Le lait du chrétien

Développement de la leçon

I. *Les enseignements de la Bible sur la maîtrise de soi*. Tout au long du Nouveau Testament, nous sommes donc encouragés à pratiquer la maîtrise de soi. Néanmoins, cela ne nous est possible que si nous croyons fermement, véritablement que nous pouvons nous maîtriser. Sans la maîtrise de soi qui vient de l'intérieur, notre vie est rendue vulnérable face à d'innombrables agressions. C'est pourquoi Dieu nous donne ce commandement : « *À cause de cela même, faites tous vos efforts pour joindre à (…) la connaissance la maîtrise de soi (…)* » (2 Pierre 1 :5-6). Le croyant dont l'Esprit est le maître, est un croyant maître de lui-même. Dès que le croyant reçoit le salut, il est mené à vivre une vie qu'il sache maîtriser ; tel est le plan de Dieu. Il est écrit dans Tite 2 :11-12, « *Car la grâce de Dieu, source de salut pour tous les hommes, a été manifestée. Elle nous enseigne à renoncer à l'impiété et aux convoitises mondaines, et à vivre dans le siècle présent selon la sagesse, la justice et la piété* ».

À maintes reprises, il nous est recommandé de nous débarrasser de nos mauvaises pensées et des mauvais comportements qu'elles suscitent, afin de les remplacer par de bonnes pensées et un comportement juste et droit. Il est écrit dans Col. 3 :5-14 : « *Faites donc mourir ce qui, dans vos membres, est terrestre, la débauche, l'impureté, les passions, les mauvais désirs et la cupidité, qui est une idolâtrie. (…) C'est ainsi que vous marchiez autrefois, lorsque vous viviez dans ces péchés. Mais maintenant, renoncez à toutes ces choses (…) et ayant revêtu l'homme nouveau, qui se renouvelle, dans la connaissance, selon l'image de celui qui l'a créé. (…) Ainsi donc, comme des élus de Dieu, saints et bien-aimés, revêtez-vous de sentiments de compassion, de bonté, d'humilité, de douceur, de patience (…) Mais par-dessus toutes ces choses, revêtez-vous de l'amour qui est le lien de la perfection* ».

II. *Les différents domaines où la maîtrise de soi est souvent utilisée*. Comme nous avons été informés dans l'introduction de la leçon, le mot original traduit par « *maîtrise de soi* » est *Egkrateia* qui n'apparaît comme nom commun que dans trois passages : dans Galates 5 :22, dans Actes 24 :25 et dans 2 Pierre 1 :6. Dans Galates 5 :22, il est utilisé pour désigner le dernier aspect du fruit de l'Esprit. Dans Actes 24 :25, Paul emploie ce terme alors qu'il parlait à Félix sur « *la justice, la maîtrise de soi et le jugement à venir* ». Et dans 2 Pierre 1 :5-6, le mot est utilisé dans la liste des vertus chrétiennes. L'idée fondamentale d'*Egkrateia* est celle de force, de puissance ou de contrôle total sur soi. C'est se dominer soi-même. C'est là ce que nous devrions faire : nous tenir nous-mêmes en main sous la direction du Saint-Esprit. Le contrôle de soi comme fruit de l'Esprit, c'est une discipline exercée sur soi-même.

La forme verbale liée à la maîtrise de soi est *egkrateuomai* qui est utilisée dans 1 Corinthiens 9 :25 pour décrire l'entraînement strict et la discipline des athlètes qui luttent pour remporter un prix. Les analogies de l'athlète et du soldat sont récurrentes dans les écrits de Paul. Toutes deux parlent bien sûr d'auto-discipline, ce qui est essentiel dans tous les sports et les activités militaires. Mais *Egkrateia* a trait davantage au contrôle des passions sensuelles qu'à celui de la colère ; il se réfère davantage à la maîtrise des désirs sexuels ou à la modération en ce qui concerne le manger et le boire. En d'autres termes, le contrôle de soi, c'est la maîtrise des désirs de soi. C'est la maîtrise dont fait preuve une personne sur ses désirs et son amour du plaisir. Dans le grec courant, le terme *Egkrateia* est utilisé pour décrire la vertu que possède un empereur à ne jamais permettre à ses intérêts personnels d'influencer sa façon de gouverner.

III. *Le pouvoir du Saint-Esprit dans la maîtrise de soi*.
Le secret qui mène à la maîtrise de soi est la plénitude du Saint-Esprit. Dans Éphésiens 5 :18, l'apôtre Paul établit un contraste entre le fait de s'enivrer de vin et celui d'être rempli du Saint-Esprit : « *Ne vous enivrez pas de vin : c'est de la débauche. Soyez, au contraire, remplis de l'Esprit* ». Le manque de maîtrise de soi conduit aux excès, à vouloir à tout prix satisfaire les désirs de la chair. Le meilleur antidote est d'être rempli de l'Esprit. En effet, la personne qui est remplie de l'Esprit vit sous Son

Le lait du chrétien

contrôle, et reçoit de Lui l'aide nécessaire pour dominer ses faiblesses et donc se maîtriser.

Il y a certainement des choses desquelles le chrétien doit totalement s'abstenir. Ce sont les manifestations de la nature charnelle que nous avons énumérées. Mais Dieu a créé pour nous beaucoup de bonnes choses dont nous pouvons profiter avec modération, sous la direction du Saint-Esprit et en accord avec les limites que donne la Parole de Dieu. Voyons ce que dit la Bible sur la maîtrise de soi dans quelques domaines de nos vies.

Le contrôle de la langue. La maîtrise de soi commence avec la langue. Jacques 3 :2 nous dit : « *Si quelqu'un ne bronche pas en paroles, c'est un homme parfait, capable de tenir tout son corps en bride* ». Puis il continue en décrivant combien il nous est difficile de contrôler notre langue. La personne qui désire vraiment avoir le contrôle de sa vie doit tout d'abord permettre au Saint-Esprit de maîtriser sa langue. S'Il contrôle notre langue, alors Il maîtrise également tous les autres domaines de notre vie. La langue qui se trouve sous le contrôle du Saint-Esprit ne peut pas en même temps adorer son Seigneur et son Père, pour maudire ensuite les hommes qui ont été créés à la ressemblance de Dieu.

Le contrôle du désir sexuel. La Bible a beaucoup à dire à ce sujet. L'union physique du mari et de sa femme est honorable et bénie de Dieu. Dans 1 Corinthiens 7, l'apôtre Paul donne des instructions pour que le désir sexuel soit bien contrôlé dans le lien conjugal, au sein du mariage.

La maîtrise des pensées. « Mais revêtez-vous du Seigneur Jésus-Christ, et n'ayez pas soin de la chair pour en satisfaire les convoitises » (Romains 13 :14). « Au reste, frères, que tout ce qui est vrai, tout ce qui est honorable, tout ce qui est juste, tout ce qui est pur, tout ce qui mérite l'approbation, ce qui est vertueux et digne de louange, soit l'objet de vos pensées » (Philippiens 4 :8). Ces deux passages de l'Écriture nous disent comment maîtriser nos pensées. Ce que vous lisez, ce que vous regardez à la télévision, ce que vous écoutez ou ce à quoi vous vous exposez ; tout cela exerce un impact sur la maîtrise de vos pensées. Nous avons besoin de l'aide de l'Esprit Saint pour garder nos pensées fixées sur ce qui Lui est agréable.

En conclusion, nous venons d'étudier dans cette leçon, la dernière grappe du fruit de l'Esprit qui est la maîtrise de soi. L'homme a été créé plein d'énergie mentale, physique, émotionnelle et spirituelle ; et cette énergie doit être correctement utilisée et maîtrisée afin d'être utile. Il n'est donc pas étonnant que cette énergie doive être amenée sous le contrôle du Saint-Esprit. Le contrôle de soi comme fruit de l'Esprit, c'est savoir se priver des désirs et des plaisirs néfastes pour l'homme.

Questions sur la leçon

1. Quel est le sujet de la leçon d'aujourd'hui ?

2. En combien de points la leçon a-t-elle été divisée ? Citez-les ?

3. Dans quel passage se trouve le verset à mémoriser ? Récitez-le par cœur ?

4. Citez deux professions où le terme *Egkrateia* est utilisé ?

5. Citez un domaine de la vie du croyant où le Saint-Esprit peut aider à maîtriser ?

Made in the USA
Middletown, DE
20 September 2024

60786013R00040